Shaolin Spirit: Meistere dein Leben

打造強韌內在的少林精神

歐洲掌門人給你的13個日常練習

釋恆義 Shi Heng Yi —— 著
洪清怡 Ching-Yi Hung-Breunig —— 譯

致

賦予我生命的父母與祖先。

前言

少林精神，具有改造人生、脫胎換骨的力量

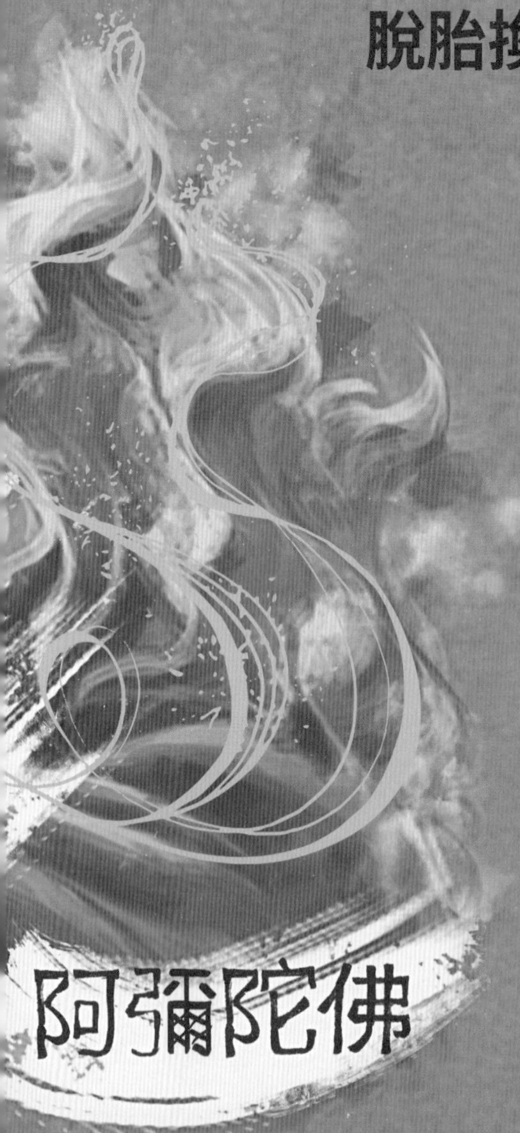

少林精神，具有改造人生、脫胎換骨的力量

一般人想到少林武術，腦海似乎會先浮現互相打鬥、擁有超常異能的僧人。然而，少林傳統文化不僅將外在肢體活動與內在修行的實踐融合為一，更在這個整體中展現出一條人生之路。或許這不是永遠平順的康莊大道，卻可以豐富你的人生，指引你回歸真正的自我。

尤其在現今日新月異的時代裡，世人對自身的價值觀產生質疑，進而鍥而不捨的尋找答案。有些人察覺到以往奉為圭臬的生存之道，已經不足以應付這個世界的瞬息萬變。針對這一族群，少林武術的修習提供了見解與答案。

少林傳統文化的發源地，是一千五百多年前建於中國嵩山山腳下的少林寺，保存古老知識並傳承給後代子孫是其傳統精神，也一直是少林寺的初衷之一。在不忽略傳統價值與原則的前提之下，歐洲少林寺也致力以淺顯易懂的方式，將這門知識傳授於世

人，並落實應用於日常生活之中。

雖然少林傳統文化的實踐層面包羅萬象，但是將身心靈合而為一的武術與打坐禪修卻占了核心地位。正因為如此，少林傳統文化具有徹底改造人生、使我們脫胎換骨的潛在力量。儘管藉由各種形式展現出的武術動作非常重要，卻並非唯一的重點。在武術實踐過程中所產生的深刻體悟，將化成正確的認知，逐步的使這些形式獲得實現與圓滿。如此一來，我們不只更加了解自己的身體，還能覺察個人與生俱來的內在品質。利用我們的身軀，我們便開啟了一條通道，藉此辨識蟄伏於身體內的靈魂，進而認清自己的想法與情感，同時在這條人生之路上培養意志力、紀律和堅毅的品德，塑造出我們的品格。

這種精神態度，在本書中稱為「少林精神」。在我們的內心建立這種精神態度，意味著重新將身體與心靈合而為一，深入檢視自己的內心，看清真實的自我以及內心深處具有的潛力。這種認知完全不受任何生活條件的限制，而且每個人都可以做到。

武術實踐是我個人人生之路的獨特之處，不僅在所有生活層面與個人發展上對我影響甚鉅，更成為我的人生核心。拜其所賜，才成就了今日的我。因此我想鄭重推薦這項武術實踐，並藉由這本書提供各位開啟個人人生之路的機會。

培養高尚的品德，正與少林傳統文化講求的身心鍛鍊密不可分。在本書這十三章節裡，除了闡釋「少林之道」的重要課題之外，也提供了一些可以融入日常生活的實踐方法。其中包括反省，反省有助於了解自己和自我目標。除此之外，本書還會介紹具體的修練方式，譬如以特定姿勢站立的「站樁」，意即身體有如一根木樁立而不動，這需要配合意念來練習。各位同樣也可以從本書得知，如何在生活中將少林傳統文化學以致用，不僅造福自己，也使他人受惠。

我在每章末都會闡述一種特殊的方法。這些方法歷經了數百年來先人修身的實踐證明了其實用價值。這十二種獨特的方法可以啟迪我們，人生其實蘊藏著價值非凡的寶藏以及無窮的可能性。我們在少林寺的修練即以這些方法為實踐工具，用以改造和發展自我，進而不斷的修身養性。想要認識少林之道，又或者是踏上這條路，本書都提供了穩固的入門基礎。在我個人三十六年來的修習之路上，少林傳統的實踐與智慧，與我切身體驗到的真理相互契合。如果各位想更加了解各項練習動作，或者更深入探討少林精神，書末附有相關連結的 QRcode，提供大家一些武術練習的選擇，除了可以自行鍛鍊之外，當然也可以在閱讀本書的同時開始實踐。

在此祈願少林武學能夠造福天下眾生，無論現在還是未來的任何時刻，都使你的人生以及萬物之生命豐盈而圓滿。

目錄

第四章

【雙手推山】改變我的少林修練之路

第五章

【風搖荷葉】

站樁：調節內在平衡，天地人合一

第六章

【羅漢撐旗】意識成為信念，心態塑造人生

第七章

【七星雲手】結合武功與品德的「武德」

第八章

【猛虎抱頭】兩大障礙：知而不行與半途而廢

第九章

【滾手推掌】克服五蓋與內在修練

第十二章

【單手插香】走在中庸之道

第十三章

【羅漢擕蘭】

茶道：領悟人生之道

（※本書章名中的招式名稱，源自少林內功修練的「羅漢十三式」。）

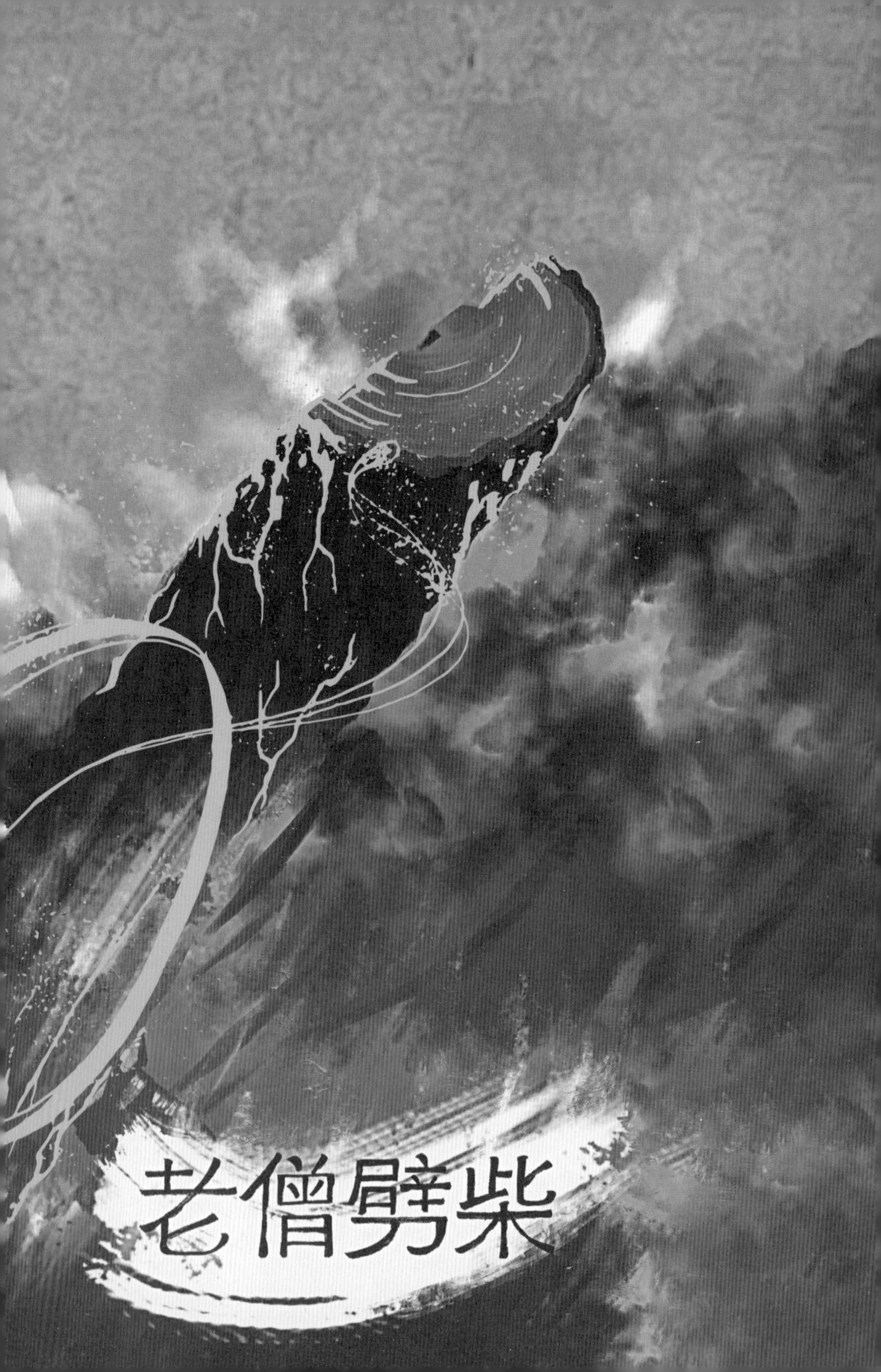
老僧劈柴

第一章

何謂少林精神

每當開始闡述我的見解，學生們不禁內心暗忖：「能不能趕快切進重點，別探討哲理了。」我的觀點對於他們而言尚未產生意義，因爲他們缺乏親身的體驗。然而我的心願與使命，便是向學生們展現一個一直存在於這世間的道理，只是他們無法憑藉自己去辨認，也無法領略罷了。有朝一日，當蟄伏於他們心靈深處的大師甦醒時，自然就會茅塞頓開，理解這些道理，並且看見人生賜予他們以及世間所有人的財富。當這一天來臨時，他們的眼睛便不再被蒙蔽，能夠清楚看見眞正的自己。

我叫釋恆義。學生們並沒錯，我的確喜歡探討哲理，但是我並非職業作家或名嘴。現在各位閱讀的這本書，同樣是因爲上述的心願而誕生，這個心願對於身爲導師的我而言，也是一種自我激勵：那就是我希望在各位的人生路上開啓一個視角，讓大家能夠藉此認清眞正的自己。

讓我們從幾個簡單的問題開始：

- 你現在的生活狀態如何？
- 你目前的睡眠品質好嗎？
- 你的食欲如何？

・在過去幾天或幾週當中，你的整體情緒如何？
・你目前的伴侶關係給你什麼樣的感受？
・你是否覺得自己可能失去工作？
・你感覺充實，還是匱乏？
・是什麼讓你和你的人生成爲現在的樣子？
・你依照自己的想法過生活，還是活在別人暗地裡對你的期望之中？
・你投注一生心血所做的事是否有意義，是否使你充滿成就感？
・在工作、家庭和朋友圈裡，你是行動者，還是反應者？
・你的生活是不知不覺的自動導航模式，還是靠自己掌控方向盤？

大部分人渾渾噩噩過日子，已經察覺不出自己過得好不好，你呢？對於上述問題，你有答案嗎？至少回答得出其中幾項嗎？這些也全都是我自己反思探討的問題。讓我們找出答案吧！讓我們擁有全新的洞見，重新認識並發掘自己。

謹願這些教誨有益於世間眾生，不論今生和來世。

人生轉變的關鍵，就在此時此刻

在少林傳統中，任何形式的互動交流通常都從恭敬的鞠躬施禮開始。這個動作提醒我們，眼前與我們互動的這個人，就在這一刻與我們息息相關。此時此刻就是關鍵，就是活在當下，我們必須意識到此時與此地的意義，因為「此時」是人生的進行式，只有當下這一刻能夠發生轉變。

或許你正回憶起往昔的傷痛而感到痛苦，又或者你對未來幾天、未來一週和明年懷抱著憧憬。日復一日，我們總是周旋在念想和情感之間，然而我們真正能夠感受的卻只有現在，只有此時此刻。

每個人生都充滿著起起伏伏、高峰與低谷、健康與疾病、獲得與失去。在人生的波濤裡，你希望看見自己的定位在哪裡？是處於蒸蒸日上的拓展期，還是抵達成功的終點站？你是否意識到，潮起必有潮落，每一階段的發展都有終點，成功也不會永遠駐留？

無論出身、年齡與過往，世界上的每一個人都必須面臨生命的波濤起伏。但是面對這種高低起落有一個應對之道。**如果你能夠在高峰與低谷、內在與外在、起起落落之間重建和諧與平衡，並且持之以恆，你將凌駕於波濤之上，達到隨遇而安的境界**。當內心回歸寧靜時，人生中那些看似永無止境的跌宕起伏，也將逐漸趨緩平息。這種寧靜堅不可摧，它賦予你一種穩若泰山的力量，讓你無論當下身在何處都能以此為根基，在人生中建立穩定而長久的狀態。面對人生潮起潮落的應對之道，便是在這些看似互相對峙的外力之間保持平衡，認清它們能夠合而為一，並且徹底領悟箇中道理。當你掌握這個道理時就會明白，再也沒有讚美或侮辱能夠動搖你的心志，因為你身上沒有任何東西是別人可以褒貶的。因為你認清了自己，所以無可撼動。這種堅定不移的內心，便是少林武術的核心精神之一。

世間所有人都想追求一個既沒有痛苦，也沒有痛苦根源的幸福人生。然而只有少數人找到了這樣的生活。本書可以讓你深入了解少林精神的內涵，徹底改善你的人生。與此密切相關的便是少林武術中的品德修養，我將在後面的章節中詳述。或許你現在正納悶，高尚的品德修養如何使人生更豐富？不妨想一下「忠誠」。無論發生什麼事情，總是有人站在身後支持你，這種莫名的安全感是多麼美好。這個人可能是誠信可靠的伴侶、你信任的女老師、即使你被批評或者遭他人詆毀、甚至被攻擊時仍舊支持你的老闆。親身體悟到的忠誠，能夠讓你獲得一種深切的平靜，因為你確確實實的感受到自己不是孤單一人。

同理也適用於你的為人處事。譬如一位主管不欣賞、看不順眼團隊中的某人，便要求你開除他，在這種時刻，駐守在內心深處的忠誠感將幫助你，在面對自己和其他相關的人時能夠做出正確的抉擇。

尤其當我們處在流行病肆虐全球或者戰事迫近這樣動盪不安的年代裡——烏克蘭戰爭便是一例，若身邊能有幾個忠誠可靠的人，是再好不過的事了，因為不論發生什麼事，也不論你財富多寡、成功與否、健康或生病，都能確信他們的友誼出於真情真意。你知道無論在什麼情況下，這些人都會一直在你的人生路上不離不棄。為什麼人生擁有如此誠信可靠的事物這麼重要？因為這意味著你身上不但擁有了穩定恆久的東西，同時也擁有了可以放心依靠的支柱，所以像忠誠這樣的品德不可或缺。

和品德崇高的人相處，不只讓你的生活更美好，也使你見賢思齊，在他人面前表現出高尚的風範。少林僧人每日都致力於修身養性，終其一生。你還記得上一次清楚知道自己為人處事的準則是什麼時候嗎？你知道忠誠、紀律、信任、意志力對於自己以及你的人生具有什麼意義嗎？

品德修養是「少林精神」的重要元素。本書的核心主題是少林精神，接下來我將更進一步闡釋說明。我想透過本書讓無數人有機會接觸到這塊文化瑰寶，它不僅在過去一千五百年來蓬勃發展，而且從大眾目前對少林武術的興趣日益增長來看，未來也仍會繼續發揚光大。只要越多人了解這門知識，這個傳統文化就能夠越完整的保存下來。領悟少林精神核心並且躬行實踐的人，必能讓自己與周圍人的生活更加充實美好——對我而言，這具有非常重要的意義。

由於每一位讀者分別處於人生旅程的不同階段，對於本書中的詞句和闡述會有不同的解讀，獲得的啟發和結論也各有差異。每一個人都是非常獨特的個體，只能以自己的方式走出自己的路。這也就是為何我不想在書中提出任何承諾與保證，儘管這是現今書籍中極為普遍存在的現象，但向所有人保證並非我能力所及。武術界有一句流傳久遠的諺語：**師父領進門，修行在個人**。

結合身體和心靈的少林修練

本書提供了有用的見解、觀點和實踐方法，協助你主宰自己的人生之路。對你而言，這條路或許崎嶇又漫長，但是一定充滿變化，使人生豐富多彩。如果能夠鞏固人生的根基，你將認識自己這一生所具有的真正潛能。透過對自身處境誠實不欺的審視，你將看到此刻或者現階段的人生裡，你的身體與心靈具備了哪些先決條件，而這些條件賦予你哪些具體而實質的發展可能。心靈的寧靜、時間和決心，就是發掘並實現內心渴望的助力。這種功力的培養並非一朝一夕可以達成，而是需要時間，在生活中奠定扎實的基礎。

只要你願意將時間投入在自己身上，找尋內心深處的寧靜與信念，從而發掘自己的人生意義，那麼你將受益匪淺。同樣的，如果你重新知道每天早上起床的目的，知道自己的熱衷與優勢在哪裡，也知道如何為大眾福祉貢獻己力，也會充滿成就感。

在少林的修行之路上，你將透過各種修練，逐步學習傾聽自己的身體語言，在進階修習時甚至能夠與身體共同聆聽，達成共鳴。你將培養出極高的敏感度，學會察覺他人想要攻擊你（不論是肢體或是精神層面）的企圖，甚至是他人做出攻擊行動之前，又甚至早在此人產生攻擊的念頭之前，你就感應到了。如此一來，你便有足夠的能力採取應對之策。

少林武術修行的獨特之處，在於結合了身體的鍛鍊和心神的寧靜，幫助你修身養性，使你的心靈深處、你的身體以及在面對他人時，都能夠獲得深刻通透的洞見。無論你之前學過、練過、做過什麼事，現在都必須重拾學生的身分，專注聆聽、學習與實踐。

獲得任何能力的關鍵，在於不斷反覆練習並且兼備透澈的洞察力。

這不僅適用於身體的修練，也適用於品德的培養。僅僅認識美德是不夠的，還必須充分的融入生活之中，日復一日的躬身實踐，讓每一個念頭和行動皆以美德為出發點。

我祈願大家能夠了解少林武術傳統所蘊含的深遠價值。這個傳統匯集了各種肢體動作的練習，儘管外在形式也很重要，但並非最主要的核心。在修習武術的過程中，發自內心深刻的領悟，將如醍醐灌頂，使這個外在形式更為充實與圓滿。如此一來，不僅能夠更加了解自己的身體，也能覺察身體所蘊藏的性質。藉著運用我們的身體創造了一種方法，它能夠讓我們認識蟄伏於體內的精神、思維與感受，同時鍛鍊意志力、紀律以及毅力等品德。

古老的呼吸法和站樁練習，便是這一理念的展現，後面還會詳加介紹。所有的動作皆以適用於任何人的原則而設計，這些動作彼此相輔相成，不但適合初學者，也適合經驗豐富的武術家和氣功修習者。當你看到這些練習動作時，請花幾分鐘的時間立刻實行。如此一來，你將更深入理解本書講述的內容，因為你不只是閱讀，更是以身體和心靈去感受與領悟。

氣功最重要的就是調節呼吸的方法。呼吸是影響生活品質最重要的部分，一個人的呼吸功能反映出他在身心方面的活力表現，也關係到能夠保持專注的最大程度。在少林和中國的其他武術修練中，「呼吸」以及與呼吸息息相關的「氣」，也就是「生命之力」，都被視為生命的萬靈丹。人即使不吃不喝也可以熬過數日，但是沒有呼吸，就只能維持短短幾分鐘的生命。

在人類運動量減少的現代社會，睡眠呼吸中止症早已為人熟知。患者在夜間睡眠時呼吸暫停，導致早晨難以起床，整天備感疲倦無力。有些人甚至必須戴著睡眠呼吸器的鼻罩入睡，以便額外補充氧氣。但是如果連身體都已經失去吸收氧氣的能力，戴上呼吸罩也無濟於事。睡眠呼吸中止症對於身體的功能和免疫力影響甚鉅，甚至可能引發憂鬱症。在當今我們所處的數位時代裡，睡眠呼吸中止症的現象不再僅限於夜間睡眠，似乎在讀電子郵件和智慧手機的簡訊時也會發生。

在本書裡，你將學到我們在少林武術修練中不斷運用的呼吸技巧。只要定期練習，將幫助身體進行更有效的呼吸，進而獲得更充分的氧氣。簡而言之，這其中的意義就是：**學習如何養生**。

為自己的內心，播下正確的種子

不論你源自哪一種文化背景，也不論你身處世界的何處，都可以反覆問自己：「你想要過一種經歷豐富而充實的生活，還是每天與痛苦交戰的日子？」我篤定全球八十億人口中，絕大部分人的答案都很明確。然而每個人的實際生活又是如何呢？我們渴望過著美好舒適且充實的人生，通常內心也勾畫著明確的藍圖，然而現實往往事與願違。是什麼原因導致我們無法實現心中所思所願？為什麼憧憬與嚮往無法落實於生活之中？阻撓我們的原因何在？

在不深入探討哲理或宗教觀的前提下，我想傳達給大家一個來自佛學的簡單道理：因果循環的法則，也被廣稱為「業力」。

如果你種一粒蘋果籽，你的行為便締造了有朝一日享受蘋果樹結果的可能性。如果你種一粒柳橙籽，只要老天幫忙，來日也同樣能品嘗柳橙的美味。以此類推可以得出以下結論：

・我想要蘋果樹，就播下蘋果籽！
・我想要柳橙樹，就播下柳橙籽！
・我播下柳橙籽，就一定不會長出蘋果樹。
・我什麼都不種，就不會獲得屬於自己的果實。

雖然上述之例看似簡化，卻顯示了我們經常未能把想法付諸行動的原因。我們在人生每一天所播種的種子究竟是什麼呢？就是我們從早晨起床開始的起心動念、從我們口中說出的話，以及貫穿日常生活的行為舉止。正如名言所說：

注意你的想法，因為它們將成為言詞。
注意你的言詞，因為它們將成為行動。
注意你的行動，因為它們將成為習慣。
注意的你的習慣，因為它們將成為性格。
注意你的性格，因為它將成為你的命運。

若想要隨心所欲的過生活，改變內在是不可或缺的。單憑理論和知識並不夠充分，因為缺乏實踐根本無法達成目標。我們也不應該在外在環境尋找實現內心想法和願望的方法，真正的改變只能在自己身上、在心靈深處發生。這一點便是本書所有闡述說明以及各種練習的基礎。從這個意義上來說，讓身體和心靈接觸嶄新的修練方法至關重要。你將藉由更深層面的鍛鍊而醒悟，以自信和平靜的態度迎接人生的挑戰。

因此少林精神並非改變外在世界的事件和現象，而是深入探索並提升你內心世界的觀點和品質，促使你感受與領悟生命。這裡強調的是你的本性、你身為人的存在。你不必身為武術家，也能藉助少林武僧一千五百年來的智慧掌握人生方向。將少林精神融入內心，代表著身心靈重新合而為一，對自己進行深入透澈的檢視，以認清真實的自我。這其中也包括了誠實不欺的面對自己，去辨別自己是以何種形式——也就是具備了哪些身體與心理的先天條件，在今生來到了這個世界，還有本身蘊藏了哪些與生俱來的潛能，使你足以實現自我。這種認知和物質世界、個人生活條件毫不相關，也遠遠超越了周遭環境對你寄予的期望，這些期望可能是你一直以來努力去配合與滿足的。

活出少林精神意味著：

‧你將在一種前所未有且更深入的層面上學習主宰自己的人生，能夠按部就班的為自己指引人生方向，這一切的實現最主要掌握在你的手上。

‧你將培養一種敏銳度，能夠識別各種互補和相輔相成的力量與能量，並且加以調整與融會貫通，譬如「自由不拘」與「結構組織」、「臨時起意」與「有備而來」、「主動」與「被動」。

‧你將對自己的生活產生深厚的信任與熱愛，並在這當中發現那些只有面對真實自我才能找到的答案。

無論任何年齡、國家、文化、職業和宗教信仰，倘若所有人都能將這古老智慧中歷經千年實踐與不斷淬鍊的思維與行動融入生活，那麼天下眾生的諸多痛苦將會消弭。只要將少林精神扎根於生活之中，你便會發現你的能量開始重組，而且停滯不前的能量也將重新流動。除此之外，你的人生將展現輕盈與自由，不僅使你的心智獲得陶冶，對於生活和工作環境也會產生正面的效用。

尤其是在少林之路的最初階段，我認為專注於重點很重要。即使方法不勝枚舉，仍應該先從少數幾項練習開始，但是必須定期進行。我建議大家將注意力集中於自己已經具備的條件，因為練習所必備的一切，都在你身上：也就是你的身體與呼吸。

現在介紹第一個方法，它和最重要的生命基礎「呼吸」有關。

〈少林修練〉方法一

調節呼吸

猶如車子需要汽油、柴油或電力才能運作，我們的身體也需要氧氣。如果我們成功改善氧氣的攝取和呼吸品質，便能提升體能和心智的表現。提高自身能量最迅速而直接的方法，就是調節呼吸。

一、呼吸的深度

調節呼吸的一個重點便是呼吸的深度。腹式呼吸、胸式呼吸或屬於高階調息法的毛孔呼吸，基本上各有不同的深度。呼吸的深淺，取決於能否分辨並放鬆軀幹與胸腔部位的緊繃感，越能分辨與放鬆，呼吸吐納的深度也越強。

二、呼吸的持續時間

在調節呼吸時，吐氣和納氣的持續時間也扮演了重要角色。可用的技巧不計其數，比方運用不同的口型，例如噘嘴式呼吸，或者吐氣時將舌頭抵在門牙後方，都可以調節吸入和吐出的空氣量。還有一些方法運用了特定的母音和音調，以便調節呼吸的持續時間、密集度、頻率、振動，以及身體的活動空間。

三、呼吸節奏

還有另一種技巧，能夠讓我們更有意識的進行吸氣與吐氣，進而更有意識的管理自己的整體能量，那便是呼吸節奏。實行呼吸調節法時所運用的基本模式和範例如下：

- 短納氣——短吐氣
- 短納氣——長吐氣
- 長納氣——短吐氣
- 長納氣——長吐氣

上述所有調節呼吸的重點，主要是促進並培養身體與心智機能的練習。

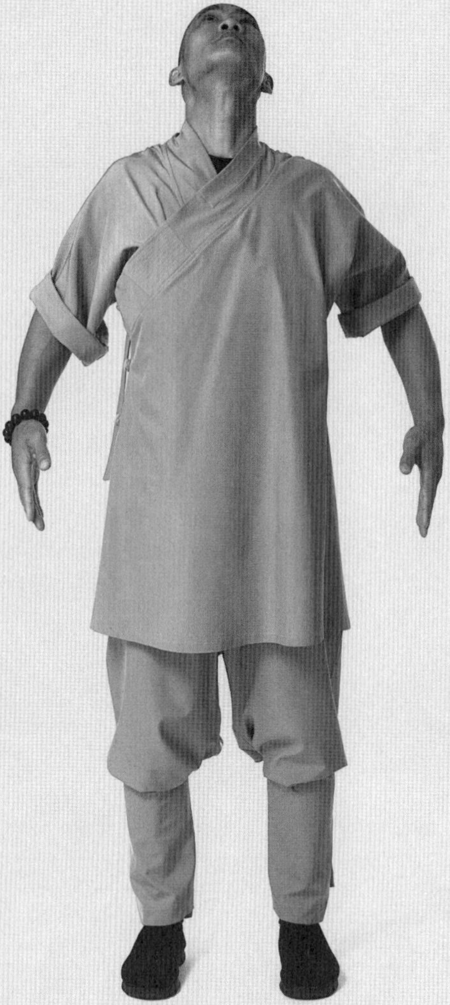

想要更有效的學習如何調節呼吸，既有效又不可或缺的途徑便是具備敏感度，也就是擁有自己的身體意識。如果你進行了呼吸練習，或許已經能夠感受不同部位的緊繃感並且加以解除，例如腹部、頸部、胸部等，如此一來你的呼吸將變得更深入、通暢，進而使你的心靈放鬆舒展，沒有負荷。

羅漢披衣

第二章

少林的歷史與智慧

少林武僧的知識源遠流長，從古至今與佛教有著密不可分的淵源，但也深受道教與儒家思想的影響，卻鮮爲人知。在大多數人心中，少林傳統的形象夾帶著濃厚的商業化氣息：少林寺師父和武僧以優雅輕盈的姿態，展現精彩絕倫的功夫，讓世人嘖嘖稱奇，難以置信。他們能夠從站立的狀態，縱身一躍至頭部的高度，反應之快有如風馳電掣，而且擁有神奇的能力，憑藉一根針以及精準的投擲，便使玻璃化爲碎片。少林師父確實有此功夫，但這並非是他們獨樹一格的原因。在這些高超的技能背後，是經年累月的全方位訓練，涵蓋了林林總總、完全不同層面的要素。

不受外在波動影響，主宰自我的少林僧人

以處理疼痛為例。我們學習接受疼痛、擺脫疼痛、不懼疼痛。誠如這句箴言：**疼痛既成事實，但受苦卻是一種選擇**。箇中道理至今未曾改變過，但是不久前科學家開始關注這個現象，發現少林武僧與師父的腦部透過武術訓練產生變化，因此對待疼痛的方式也不同一般人。

不論從前還是今日，為何少林武者都能夠展現如此絕妙的身手，而且他們的訓練締造了如此令人嚮往的附加價值？因為他們學會如何主宰自己的人生，在修習之路上獲得身體與心靈的主導權。什麼是「主宰」？從前有一種測驗，由師父們以觸人心弦的方式講述有趣和悲傷的故事。弟子們的任務則是不論這些故事多麼令人興奮或傷感，都不能顯現任何情緒波動，或者流露出旁人可察覺的反應，之後也必須面不改色的重述這些故事。在今日，少林寺有時仍會以這種方式考核弟子。

訓練自己不露聲色，完全控制自己的反應，在西方世界經常被視為一種嚴苛而不

近人情的紀律，認為這種控制猶如剝奪個人願望、需求、情緒甚至人類自由的力量。西方文化反而把個人及自己的觀念、需求作為衡量一切事物的標準，並且只從這個角度來感受和評判世界。

為什麼要控制自己的情緒？情緒不是最真實的嗎？你或許心裡正納悶著。回想不久前和最親近的人發生的爭吵，譬如父母親、兄弟姊妹、伴侶、子女，是不是非常激烈和情緒化？不但出現嘶吼與哭泣，甚至說出了許多覆水難收的話，只能事後藉著道歉和解釋來彌補。

試想，假如雙方都能在發生爭吵的那一刻，意識到自己的憤怒和沮喪，並且在情況越演越烈、情緒爆炸而一發不可收拾之前及時察覺，氣氛可能就融洽許多了。如果雙方都能夠透過自我觀察來提醒自己：「我不是那個憤怒的感覺，我不是那個被忽視的感覺，我不是那個不公平和嫉妒的想法……。感受和想法都是來來去去，稍縱即逝，放手讓它們走吧。」

這是超能力嗎？不是，少林師父和少林僧人不但學習去做，也確實做到了。他們察覺自己的情緒，在辨別引發情緒的來源之後，便不再與這些情感產生認同，而是讓它們煙消雲散。

掌控情緒並非意味著不再擁有情緒，而是掙脫情感和期望對我們的強行操控——不論是源於自己，還是他人所施加的情感和期望。這也適用於擺脫內心對陳年舊事的憤怒，或者對未來的憂慮恐懼。

同理，當內心強烈渴望酒精、甜食、所有過量而且多半有害的東西時，我們可以選擇不予理會，讓渴求的感受慢慢消散。還有身體的需求，例如節食期間突如其來的強烈飢餓感，我們可以感覺、觀察、辨識這些本質——這只是一種身體感受，僅此而已。告訴自己，強烈飢餓感並不是我，所以我可以讓它離開。我們不必成為少林僧人或是武術家才能了解這個道理並在生活中融會貫通，只需敞開心扉去學習。

有些路必須親自跨越，我們稱之為痛苦的深淵。這也意味著不再逃避挑戰，而是迎難而上，藉此變得更加堅強，一路披荊斬棘的克服苦難。只有親身經歷並且克服的事情，才能掌握在自己手裡，也才有能力指引他人。在這個情形下，重要的是面對自我，潛入內心深處，認識只有自己才能突破的界線，進而獲得成長。這不僅需要你全力以赴，還需要你在突破界線時願意承受隨之而來的痛苦。

凝聚千年能量的嵩山少林寺

最著名的少林寺始建於中國河南省神聖的嵩山山腳下，被視為佛教禪宗與功夫的發源地，是北魏孝文帝在西元四九五年為印度高僧跋陀所建。跋陀因為將佛教梵文經典翻譯成漢語而聞名，也是為孝文帝出謀獻策的重要尊者。他當年賦予少林寺的歷史使命，即翻譯、保存與弘揚佛學、培育青年子弟，至今依舊被歷代僧人忠誠的傳承下來。

在歷史上，菩提達摩是釋迦牟尼佛的第二十八代弟子，在西元五二一年來到少林寺，相傳他曾在少林寺上方的嵩山洞穴裡面壁禪坐了九年。他開創了禪宗，是佛教打坐禪修的學派。據說菩提達摩最初是想要重新振興佛教，由於當時已有一群武僧在少林寺生活，而且菩提達摩本人也出身於武士階層，為了平衡長時間的禪坐，發展了針對身體的運動功法。這些鍛鍊的目的在於養生保健，使身心合一。菩提達摩認識到身體與心靈互相影響，認為兩者應該保持和諧狀態，因此從一開始便制訂了促進身心合一的鍛鍊方式。

自從少林寺十三棍僧營救了秦王李世民，也就是後來的唐太宗，少林寺獲得擴建，從小型的武僧團體發展成較大型的僧兵隊伍。唐太宗封賞了少林寺極高的榮譽，在唐朝成為中國的佛教重鎮，據傳寺內容納了兩千名僧侶。禪宗從此在中國廣傳，隨後傳入日本，最終傳遍整個東亞。

在元朝時期，朝廷下令將許多佛教寺廟納入少林寺方丈的管理之下。明朝則大力推動少林傳統文化的全面發展，包括佛教、道教、儒家思想、氣功、功夫、中醫、書法和風水。明朝是少林武學的輝煌時期，據傳生活於少林寺內的僧侶甚至超過了三千五百名。

明朝滅亡之後，由非漢族的滿族領袖建立了清朝，身為外族統治者的滿清皇帝不再需要少林寺護國克敵的貢獻。西元一六七三年，少林寺甚至遭到皇軍攻擊，幾乎被殲滅。儘管朝廷後來恢復了少林寺的活動，也允許重新訓練武僧和養兵，但少林僧人從此再也不干涉朝政。

西元一九二八年，中國正處於動盪不安的局勢，少林寺再次遭到攻擊，幾乎被摧毀。最後一次攻擊，發生於一九四九年毛澤東建立中華人民共和國之後。起初僧侶們得以獲得安寧，但是之後少林寺遭到嚴重破壞，僧人們受到迫害和驅逐。文化大革命結束後，只有少數僧人仍生活在少林寺幾棟完好的建築物和遺址當中。

一九八二年，華人演員李連杰的電影使少林寺在國際間聲名大噪。當時的中國政府資助了少林寺的重建工作，並在改革開放的過程中，重新允許僧侶修行佛教與練習武術。一九九六年，少林寺被列入中國的文化遺產保護名單。二〇一〇年八月，聯合國教科文組織將擁有一千五百年歷史的嵩山少林寺列入世界遺產。

生於一九六五年的現任方丈釋永信，自上任以來，一直致力於提升少林寺的知名度與現代化，身為佛教和武術中心的少林寺也因此再次蓬勃發展。有些人認為，這歸功於此地一千五百多年來所匯聚的巨大能量，因此不足為奇。

傳承東方智慧的歐洲少林寺

近年來，少林寺的學校、中心和學院在世界各地興起，其中大多數是由中國寺院的僧人或其弟子所創辦。如今幾乎任何人都可以在全球許多地方研究與學習少林武學。在西方世界，尤其自新冠疫情全球爆發以來及受到戰爭影響（例如烏克蘭戰爭），越來越多人開始重新尋找「發現自我」的方法，想要發掘內心深處真實的自己，或者努力去理解生命的真諦。特別是處於危機時期，人們開始質疑自己的價值觀，費盡心思的找尋答案，少林武學則為當今世人提供了解答和方向。

位於奧特貝格的歐洲少林寺，以保存與弘揚古老知識為初衷，並且在不忽略傳統價值與原則的前提之下，以易於理解和實踐的方式，將這門知識傳遞給面臨所有問題的現代人。基於這個原因，寺中幾位僧人不斷在世界各地尋覓擁有古老知識的人。我們懇請這些有智慧的人分享他們的知識，以便帶回歐洲少林寺，讓前來拜訪寺院以及向我們學習的人能夠從中受益。

也有佛教代表團、受人敬仰的少林法師，或是修習其他武術的師父來拜訪我們，他們來自不同寺院，包括嵩山少林寺。二〇二二年十一月，嵩山少林寺的釋延良法師、佛教大師嚴培，以及釋延提、釋延業等大師蒞臨，使我們備感榮幸。他們受派前來歐洲協助推廣少林寺的官方畢業系統（功夫段品制）。該制度規定了從功夫業餘者晉升至功夫大師的過程，必須經歷三十六個步驟或等級，每個等級均有各自具體的理論和實踐標準。

時間將會告訴我們，歐洲少林寺在多大程度上能夠協助所有愛好少林武學的朋友進行功夫段品制的訓練，尤其是針對那些尋求系統性教學的學生，正適合這種正宗中國少林寺所開創與提供的武術培訓方法。

從菩提達摩的時代至今，精神層面的培養和發展在少林傳統中一直極為重要。因此繼上一章的呼吸調節法之後，我想在本章結尾介紹第二種方法，也就是培養意念。

〈少林修練〉方法二

培養意念

這個方法的目的，在於和身體各個細微層面建立初步接觸。在武術和氣功界有一句名言：「氣隨意行。」氣是生命力，意是意念。也就是說，真氣隨著意念或者想像力運行。

這個方法能夠訓練你的想像力，同時讓你試著將焦點、意圖或者注意力集中於身體內的某一個感覺。這是察覺體內確實有真氣的重要基礎，接著才能進行調節。要實現這一點，必須有系統的使身體和心靈培養出更加緊密的關係，具體的練習便是「洗髓功」。透過這項功法，可以學到如何調節氣血循環，讓頭部隨時保持涼爽，若是一股燥熱突然衝至腦門，也能藉此將熱氣疏導至身體其他部位。例如當你因為爆怒而火冒三丈時，血液會衝至頭部，但越是在這種情況下，你越是需要保持清醒的思維，才能做出合理的決定或找出解決方法，練習洗髓功便能發揮效果。

洗髓功也是一種象徵「淨化身心」的練功法。因為練功初期往往不易察覺體內真氣，所以修練時必須透過「意」來想像「氣」，以意念來引導氣。

這種方法最有可能源自道教，不但適用於提升覺察力、想像力，也能增強自己對各種感受的分類辨識能力，並且有意識的探討、運用身體的五個區域：頭部、胸部、腹部、臀部和腿部。

透過充分的鍛鍊，這個方法能讓我們產生沐浴在能量之中的感受，好比一縷清涼沁人的微風。

第三章

佛教與少林的生活實踐

懶僧躺枕

少林傳統文化與佛教密不可分，尤其是禪宗。修練少林功夫的人，如果忽視或爲未能領略佛教的核心元素，將無法發揮自身眞正的實力。習武者必須在身體和心智上同步成長，以符合「金剛手段，菩薩心腸」的教誨，透過禪武合一的修練，身體與心靈合爲一體是可以實現的。佛教是少林武術的根基，如果無法了解並修習某些佛法，就難以完全領會並掌握功夫和氣功的精髓。因此，我想在此闡述四聖諦、八正道以及禪宗對於少林武術與心靈修行的重要性。令人敬仰的中國嵩山少林寺方丈釋永信，反覆不斷的探討這個課題，至今仍舊給予我深刻的啓發。

「神聖」和「世俗」緊密相鄰

中文的「寺」既可以指廟宇，也可以指僧人居住之處或修道院。在德語的用法中，寺廟被視為一個與周遭劃有明確界線的聖潔之地，而修道院則是修行者的住所以及生活起居的地方。實際上兩者都位於與周圍劃清界線的區域內，通常不會嚴格的加以區分。修道院僧侶的團體生活則在這兩者中進行，也就是說「神聖」和「世俗」之地是緊密相鄰的。

少林寺是佛教寺院，日常生活中除了把佛教儀式奉為圭臬之外，寺裡的年度時程表更布滿了佛教節日。寺內的團體主要以遵守佛教戒律的僧人組成，即使有些少林師父並非教徒，仍同樣奉行著這些適用於人生各層面的戒律。

少林寺於西元四九五年創建時的最初使命，是翻譯和保存佛教知識，其中不僅包括佛教典籍，還包含一些有效的修習方法，用以培養健康和具有認知力的心靈，少林寺的師父和僧人則將少林功夫視為佛家思想的具體實踐。

精神上的修練，即修心，是在師徒關係中進行，同時也是一種品格的培養。想要發揮少林功夫中更高深、經常令人驚嘆的技能，這是不可或缺的先決條件。若缺乏堅韌的性格，以及誠實無欺且持續不斷的自我反省能力，將無法使功力更上一層樓。修練少林功夫需要精神上的自律和堅持不懈的訓練、謙虛受教和勇於認錯的態度、以恆心和耐心不斷精益求精，以及對少林寺的教誨和師父們懷有尊敬謙卑之心。

修心與培養品德兩者，和佛教禪修以及佛家思想密不可分，尤其是源自於佛教創始人釋迦牟尼的「四聖諦」和「八正道」。

運用於生活的四聖諦

佛陀體悟到眾生皆苦，出於慈悲之心想要普渡天下，因此傳授了四聖諦和八正道的佛法，兩者至今仍是佛教與少林傳統文化的綱領。

❖苦、集、滅、道四聖諦

苦諦

就是世間皆是苦。人生充滿了苦難，例如老苦、病苦、愛別離苦、死苦。但是我們的苦惱不只來自於外在環境，還出於自己對某些生活狀況的情緒反應，譬如別人擁有我們缺乏的東西，又或者當我們的願望未能實現時，嫉妒或憤慨便油然而生。當我們目睹有人因為宗教、膚色和文化遭到排擠或者發生饑荒和戰亂，也可能對人性失望而感到痛苦。如果我們試圖對美好愜意的事物緊握不放，不願接受它們有朝一日終會消逝，那麼痛苦將隨之而來。

集諦

就是痛苦的根源。導致我們煩惱痛苦的原因，佛陀稱之為貪、嗔、癡，即貪愛五欲、嗔恚無忍、愚癡無明，在佛教中也被稱為殘害身心之「三毒」。我們首先應了解的道理就是人生無常。舉凡有「形」之物，以及我們所追求的一切，如成功、名望或榮譽，都如過眼雲煙般短暫，而且引發我們內心的痛苦。想要滅除苦惱的根源，就必須看透事物真正的本質，才能對抗「三毒」，阻止痛苦發生。

滅諦

就是滅苦的方法。佛陀應許了一個充滿希望的訊息：當痛苦的根源滅除了，痛苦也就結束了。若要滅除貪、嗔、癡這些苦因，就必須從感官與物質欲念中解脫，不帶厭惡或偏愛去看待並接受事物的本質，這也意味著不再怨天尤人，也不再妄想事情能有不同結果。

當無明（不明是非而起惑造業）滅除，而且我們能夠放下一切的苦時，我們將一步步接近涅槃的境界。無論是否在此生就能達成，是否等到生命終點或甚至在某一個來世才能實現，都取決於我們是否能夠嚴正認真的捨棄、放下一切執念。

切記，路程和目標本為一體。倘若我們屢次遭受同樣的痛苦，例如感情關係經常破裂，那麼我們必須質問自己是否也有一部分的責任，是否能在未來避免重蹈覆轍。並非所有的人生遭遇都可以由我們操控，但是我們永遠掌握了如何應對的決定權，況且我們可以持續不斷的重新調整自己的方向。

道諦

就是通往涅槃解脫之路。道諦開示了結束苦難的方法，亦即八正道，包含了八道指導生活的原則：

1. 正見
2. 正思惟
3. 正語
4. 正業
5. 正命
6. 正精進
7. 正念
8. 正定

修習八正道以滅除痛苦，是每個人都能實踐的。八正道最終將通往涅槃的境界，這是一種我們在今生就能體驗和實現的意識狀態。

不一定非得成為佛教徒才能從這些教導中受益，反之，無論你的宗教信仰背景為何，八正道都可以融入一般日常生活中。各步驟也不須按照順序修習，因為它們之間環環相扣。奉行八正道並且認真實踐，你的人生會日益改善。

在茫然無力之中，生命向你開啟了入口。

運用於生活的八正道

為了更深入闡述八正道的各個層面，也更容易了解如何在日常生活中實踐八正道，我們將它分成三個組別來解釋，因為八正道的修行涵蓋了戒、定、慧三學。

❖ 慧學：獲得智慧的法則

正見

具有正確的見解才能夠看清真理。

當我們觀看這個世界、自己的人生狀態或其他人時，如果總是帶著習慣性的期望或者一味附和輿論，就無法看到人、事、物真實的原貌。務必嘗試擺脫成見、期望和評價。

你能否觀察一顆樹——

・卻不稱它為樹？

・卻不評斷它的美醜？

・卻不考慮它的用途，例如可作為柴火或建材？

・卻不嫌棄或特別喜愛它的某一點？

・嘗試只看樹的本體。練習以這種方式看待你生命中的一切，包括你的生活條件、環境、身體和情緒狀態。

正思惟

具有正確的意志與決心，才能遠離邪望貪欲，擺脫貪、嗔、癡。

舉例來說，當別人擁有你無法得到的東西時，你察覺到自己心生嫉妒，那麼請讓自己轉念，專注於生命中愉快美好的事物，並且懷著感恩的心，培養正向思考的基本態度。

欲培養正向積極的人生觀——

・拒絕負面、否定的想法與感受。

・學習以寬厚仁慈和同理心看待他人的言行。

・當別人獲得福報善果時，學習給予誠摯的祝福，為他們心生歡喜，不去計較自己的得失輸贏。

・隨喜是佛學中非常重要的品德修行。

❖ 戒學：培養道德的法則

正語

包含不妄語、不惡口、不兩舌、不綺語。譬如不說謊，說實話。與其爭吵，不如練習化解仇怨的言辭。不用言語貶低侮辱他人，多說讚賞、鼓勵、富有同理心、不帶暴力傾向的話。勿說長道短，搬弄是非。切記，表達想法也有時機對錯之分，必須仔細衡量當下場合，三思而後言，如此不但不會傷害或得罪別人，別人也願意傾聽你說話。

修習正語，就是在表達之前，不忘對自己提出三個問題：
- 你想說的話，是禁得起驗證、可以讓人理解的真話嗎？
- 你想說給對方聽的話，當下是否對他有益？
- 這些話是真心為對方著想嗎？

正業

正確的行為，即不殺生、不偷盜、不邪淫。我們應當不斷檢討自己的行為舉止，反省自己是否能夠感同身受、心懷悲憫的對待世間萬物與生命。侵占不屬於自己的東西，或者以犧牲他人的福祉來增進個人利益等惡行，必須是我們做人處事的禁忌。我們應該學會分享，把快樂帶給別人，設身處地為別人著想，並且隨時檢視自身行為所造成的影響。

修習正業的基本要求：

・不殺生——不論是人或動物。
・不說謊
・不偷盜
・不吸毒
・不通姦
・不進行不正當性行為——也就是對伴侶有責任感，只與伴侶有親密關係，而且始終在自願和雙方同意的情況下進行。對伴侶不欺瞞自己的意圖。

正命

正當的謀生方式與工作。修習正命，就是在不傷害人、動物或大自然的前提下過生活。同時，生活和工作也不可違背自己的人生理念和良心。一個人所作所為的背後動機是關鍵所在，藥劑師為了醫療用途而配製藥物，反之，製毒者則以蓄意傷害他人為謀生手段。

檢討你的行為動機以及它所產生的影響，例如具體針對與日常生活、周遭環境有關的事物：

‧你的消費是否超過實際需求？

‧你充分利用食材，或者有浪費的情形？

‧即使有玻璃材質的選擇，你仍使用塑料嗎？

‧在可以步行的情況下，你仍選擇消耗汽油嗎？

‧你是否購買來自大規模工廠化養殖的肉品？

這個清單內容可依照個人生活條件隨意調整和增加。思考一下，要實現正當的生活方式，你會怎麼做？

❖ 定學：心靈修練的法則

正精進

勤奮不懈的修行，把人生視為一條能夠讓我們一天比一天更好的道路。這裡所謂的「更好」，是以品德和八正道為出發點。不論做什麼事情，我們都要全力以赴，同時不斷審視和調整自己的心態，克服偏見、戰勝無知與私欲。除此之外，還要鍛鍊自己忍受逆境，並且為了天下眾生的福祉著想，修養精進自己的德行。

實踐下列方法，將「正精進」具體融入生活之中：

- 盡力克制欲望、仇恨、憤怒、排斥等諸如此類的情緒。
- 鍛鍊自己在這些情緒出現時，能即時察覺並且立刻遏止。
- 以療癒心靈的思想和感受，取代不健康的情緒。

正念

清淨的意念。包括培養對身體和全身所有機能的意識，例如真實的去感受自己的呼吸、行走或站立。修習正念也包括覺察自己的心緒波動和各種意識狀態。誠如之前所述，學習、修練以正念覺察身體，是少林傳統的一項課題。

正念的修習，始終全神貫注於當下：

・不要活在過去的回憶中，也不要因為擔憂未來而採取行動。

・培養處在當下的「臨在」感，使你能夠對此時此刻產生清澈的覺知，進而認清並修正自己的想法、言辭和行為。

・盡量排除讓你分心和轉移注意力的因素。因為你的下意識反應，會讓你陷入雜念產生的誘惑。

・不論何時何地，唯有在當下才有改變事情的可能，所以覺知當下，把握當下。

正定

指佛教的禪修，特點是以禪定凝聚意志於單一現象或冥想之物，例如呼吸。禪修能讓修行者的內心平靜下來，到達超然清澈的境界。如果你定期禪修，無論是在寺廟或家中安靜的角落，便足以讓你體驗到涅槃的滋味。決定開始禪修之後，應保持每日練習，即便只是十五或二十分鐘。每日練習非常重要，持之以恆等於成功的一半。

修。

但是靜坐並非禪修的唯一形式，還有許多其他方法可供我們在日常生活中練習禪修。

隨時隨地皆可進行禪修

當你的意識能夠全神貫注於當下時，每件事都可以是禪修的一種形式，例如：

- 散步
- 熨衣物
- 烹飪
- 拔除野草
- 修理機車

從你的日常事項中揀選出幾項活動，將它們作為禪修的實踐目標。

請思考八正道的每一道指導原則對你的意義，以及你想要如何修習與貫徹。在你的日常生活、工作、家庭、休閒時間、與親朋好友或左鄰右舍的相處之中，有哪些地方可以融入八正道的精髓？不要企圖同時實踐所有的事情，但是要為大眾福祉而努力，並且堅持不懈。光是如此，你就走在正道上了。

在接下來的十二個月，請注意自己的思想並且謹言慎行。只要你這麼做，一種類似條件反射的現象可在三百六十五天之內形成，從你的行為舉止與思考中塑造出新的習慣。如果有必要——以職業為例，假設你的工作對自己、他人、動物或自然界造成傷害，請勇於對生活進行改變與革新。雖然這不容易做到，還有各種推三阻四的藉口當作擋箭牌，但是藉口最終只會阻礙你的成長。最好的方式，莫過於一開始就下定決心，不成為傷天害理的人。不論是在家庭中、朋友間還是對待天下眾生時，請用具體行動去落實這個決心。

我認為你應該抱著刻苦耐勞和全心全意的態度，始終保持專注與耐心，將八正道的道德準則融入與實踐於自己的日常生活。八正道的要求很高，因為它檢視了人生需要糾正之處，但同時也帶來了贈禮。你將體驗到一種解脫，了解世界並非只繞著你運轉，透過你內心深處的轉變，你將重新感受到人與人之間的連結。

八正道已有超過兩千五百年的歷史，至今仍歷久不衰。儘管在這段漫長的時間裡，佛教發生了諸多變化，但是其核心與意義始終如初：它把工具交到每個人手裡，讓大家運用並開創美好而安寧的生活。即便從小事做起，只要持之以恆，你會發現隨著時間流逝，你的存在及行為舉止將與八正道的倫理合而為一，你也不會利用思想、言辭或所作所為去傷害他人。這時候，你就落實了八正道的內涵。

禪宗：培養對自性的「向內觀照」

佛教宗派中的禪宗可追溯至菩提達摩。相傳菩提達摩於西元四七〇年出生，是古印度南天竺國香至王的第三子。他後來出家為僧，成為佛教第二十八代祖師及大乘佛教中國禪宗的始祖。菩提達摩離開位於南印度馬德拉斯的故鄉後，便前往中國。大約在西元五二〇年，他約莫五十歲時，在中國會見了梁武帝。隨後他前往位於嵩山的少林寺，在寺院上方五乳鋒的洞穴中，終日面對石壁，盤膝靜坐了整整九年而開悟。後來他以此禪修為基礎，在少林寺創建了禪宗。

「禪」（Channa，禪那）是梵文 Dhyana 的翻譯，意思是「冥想狀態」。這裡指的是一種沉思的精神境界，是透過觀察和檢視當下冥想的目標而達到。當心靈專注於唯一的目標時，例如呼吸，它便以正念來觀察和探索「呼吸」這個課題，同時保持心平氣和，不帶任何褒貶與評價。這能夠使我們擺脫內心不斷創造的假象，發現所有現象背後的真理、生命的真理和存在的真理。

凡是能夠淨化心靈、使內在本質覺醒的修習與實踐，都是一種禪修，包括誦經、朗讀佛經、敬拜佛祖，以及奉行佛教戒律和僧團規範。這也是為什麼我們在歐洲少林寺教導這一切的原因。

禪修的宗旨，在於培養對自性的「向內觀照」，進而達到成佛與開悟的境界。我們經常耳聞這些話，但是其中意義何在呢？文字可以讓我們了解事物，卻無法取代實際經驗。好比你向一個從未吃過麵包的人描述它的味道，或許他可以在心智上理解你的話，但是只有在他品嘗麵包之後，換句話說就是親身體驗，才能實際了解到麵包的真正滋味。禪修亦然。

《楞嚴經》中有「以手指月，指非月」的著名比喻。以手指月是為了讓人清楚看見月亮。然而指向月亮的手指並非月亮，所以勿把手指和月亮混為一談，不要因為執著於手指，反而錯過了月亮。

在《金剛經》裡，佛法也被比喻為竹筏：「汝等比丘，知我說法，如筏喻者，法尚應捨，何況非法。」當我們抵達涅槃的彼岸時，便應捨棄竹筏而登岸。也就是說即便是佛法，也僅僅是一種工具。禪宗的修行亦然，這些方法都是引導我們駛向涅槃彼岸、超脫生死痛苦的途徑。

有此一說：禪既是一種活動，也是一種理想。這是什麼道理呢？「活動」是指修行的過程，在其中培養辨識真理實相的能力。「理想」代表結果，也就是悟道。

在禪修中，打坐是一種冥想的方式，與打坐時可以達到的禪定境界有區別。打坐是輔助我們達到入定的基石，但不是禪境本身。

禪修是一個過程，修行者藉著探索心靈發現心性的本質。誠如釋永信方丈所言，淨化心靈，喚醒自性。

雖然禪宗是不執著文字的宗派，而是以經驗為根基，卻有不計其數的著作流傳下來。這些著作最終都是喚醒我們自心佛性的媒介。《六祖壇經》有云：**「菩提自性，本來清淨，但用此心，直了成佛。」**唯有六根純淨，心智清澈無偏見時，方能覺悟自性而成佛。這其中意義就是突破生死的藩籬，揭示自性的原本面目，認識心靈的真實本質——佛性。以少林傳統而言，這也意味著達到至高智慧與勇氣的超凡境界。

在此我想分享一個禪的故事：從前有一名弓箭手，他對自己射箭的準確度非常自豪，認為自己是世界上最優秀的弓箭手。某日他遇見一位禪宗師父，這位師父也同樣是一位知名的射箭大師。於是他向師父提出挑戰。師父帶他登上一個陡峭的懸崖之後，便從容的走到懸崖邊緣拉弓射箭。當師父回頭看，發現這名弓箭手開始冒汗，因為他無法克服障礙，未能朝向懸崖邊緣跨出必要的一步。

與禪宗師父相比，弓箭手固然技術精準，卻尚未達到「心靜」的境界。這種內心狀態對於我們少林修行者也極為重要，因為這個境界意味著不再被生死的外在形式束縛，不執著生，也不畏懼死。這並不表示不珍惜生命，恰恰相反，我們特別深切的關愛生命。**學會珍愛生命是禪修的真正目標。人唯有擺脫物質世界的煩惱與痛苦，才有能力欣賞生命的美好，進而真正熱愛生命。**

禪武：武術實踐與佛法修行的共生體

有一種方法，能夠幫助我們面對死亡的恐懼，學會超脫自我，放下對人生的執念，那便是禪修與少林武術的結合——禪武合一。

禪與武術之間的關係可以如此描述：禪（禪定）是少林武術的精髓，武（功夫）是禪的表現。以少林武學而言，較高層次的武術貫穿了禪的精神，從練武者靈敏的動作和平心靜氣的態度可見一斑。少林即是禪，或者換句話說，是禪定，而非單純的搏鬥。武術的精髓與禪的精髓實為一體。禪是通往少林武術最高境界的鑰匙，而少林武術的最高境界就是禪。

努力淨化心靈、喚醒自性、循序漸進修行的人，必將領悟禪武的意義。越往這條修行之路邁進，就越能認識它的價值。

禪武無法言喻。

禪武是武術實踐與佛法修行的共生體。在一千五百年的少林歷史中，少林功夫一直與禪宗密不可分。每一拳、每一腳的動作，都蘊含著深刻的禪意。少林武術的最高境界被理解為一切現象和自我的消散，習武者在此過程超越了自我局限，學著釋放出強大的原始能量。

探討禪的核心本質並非易事，而且需要很多時間。以少林「八段錦」為例，這是一種古老的中國氣功，至今仍廣為人知，也是許多人練習的養生運動。八段錦可喻為八種有如絲織品般珍貴的保健養生方法。經過二十年的修練之後，儘管八節動作完全不變，練功者對於八段錦的理解和感受，卻與當初有著天壤之別，動作中的每一個細微差異，對於動作的效能和優劣影響很大。對於外行人而言，外表上看起來幾乎沒有絲毫不同，然而經年累月的練功，已使外在的肢體動作持續不斷的呼應了內心的轉變和感受。人生也是如此，年長者和年輕人的日常例行活動或許並無太大區別，但是他們的生活觀卻截然不同，因為對生活有各自的領會。禪武的修習也是如此：當我們領悟功夫或氣功動作所蘊含的深意時，我們的感受、覺察也隨之轉變。

所有的練功動作和形式都是自我實現的跳板，是體驗禪修的途徑，進而達到心靈與精神上的圓滿。

禪宗主張順應自然，不加干涉。練功者具有良好的健康狀態與強健的身心，即使置身在世道艱難的環境，也能夠為建立和諧的生活而準備。因此禪武可以說是一種修行，讓我們能夠和睦融洽的融入現代生活，並且使身心健康的理念與日常生活合而為一。

禪武能夠大力推廣中國武術，讓禪修和佛教在現代社會中變得平易近人，激發更多人修習鍛鍊，不再望而卻步。我們的心願和追求目標，是使禪武在許多人的日常生活中生根茁壯。少林教條和少林功夫現今風靡全球，廣被大眾接納，不論在公眾場合或在現代生活中都受到熱烈迴響，由此可見禪武正在蓬勃發展。

〈少林修練〉方法三，目的在於幫助我們培養對「氣」的覺察。氣是所有生命演化過程的基礎。在少林功夫中，培養對氣的敏感度至關重要。

「八段錦」
示範影片

〈少林修練〉方法三

敏感度訓練

這種方法在以健康為導向的功法中很常見，例如氣功。即使在初期尚未能夠意識到氣感，或者尚未能夠直接覺察這種極為細緻的生命養分，練習氣功仍然對健康產生了正面功效。然而一旦培養出這種細膩的感知能力，練習效果就會明顯提升。培養敏感度——特別是在調息和養氣方面訓練敏銳的感覺，除了可以增強感官的感受能力之外，由於感知力提升，也能夠覺察氣所引起的現象。培養敏感度的方法經常被稱為「捏氣球」或「握氣球」，也有「美人手」之稱，意指女性手腕到指尖的優雅線條。

由於大眾普遍認為亞洲女性具有善感的特質，因而有此一稱。藉著手部繞圈和施壓的練習動作，培養自己的敏感度，以便在後續的練功步驟中學會區分內在的自我與外在的事物。透過「美人手」這個訓練方法，能夠感受內心並覺察自己與外在世界的連結。

氣的表現形態不勝枚舉，不論是自身的內氣或是外氣，都是可以覺察感知的。只有當我們很明確、有意識的與「氣」互動並且能夠覺察它的形態時，才能成功調整氣的流動，在必要時也能使之平衡。

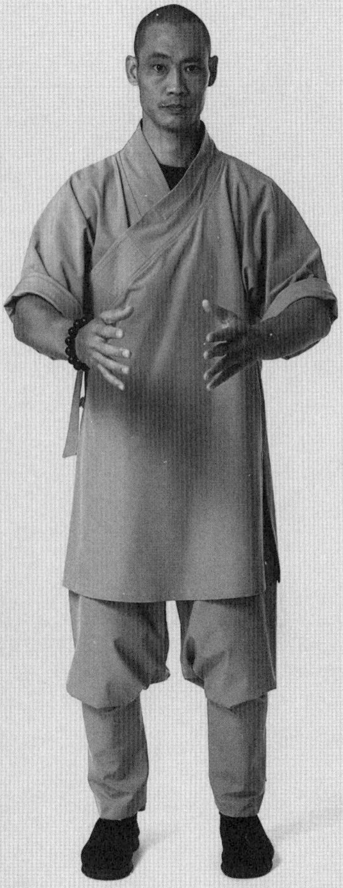

第四章

改變我的
少林修練之路

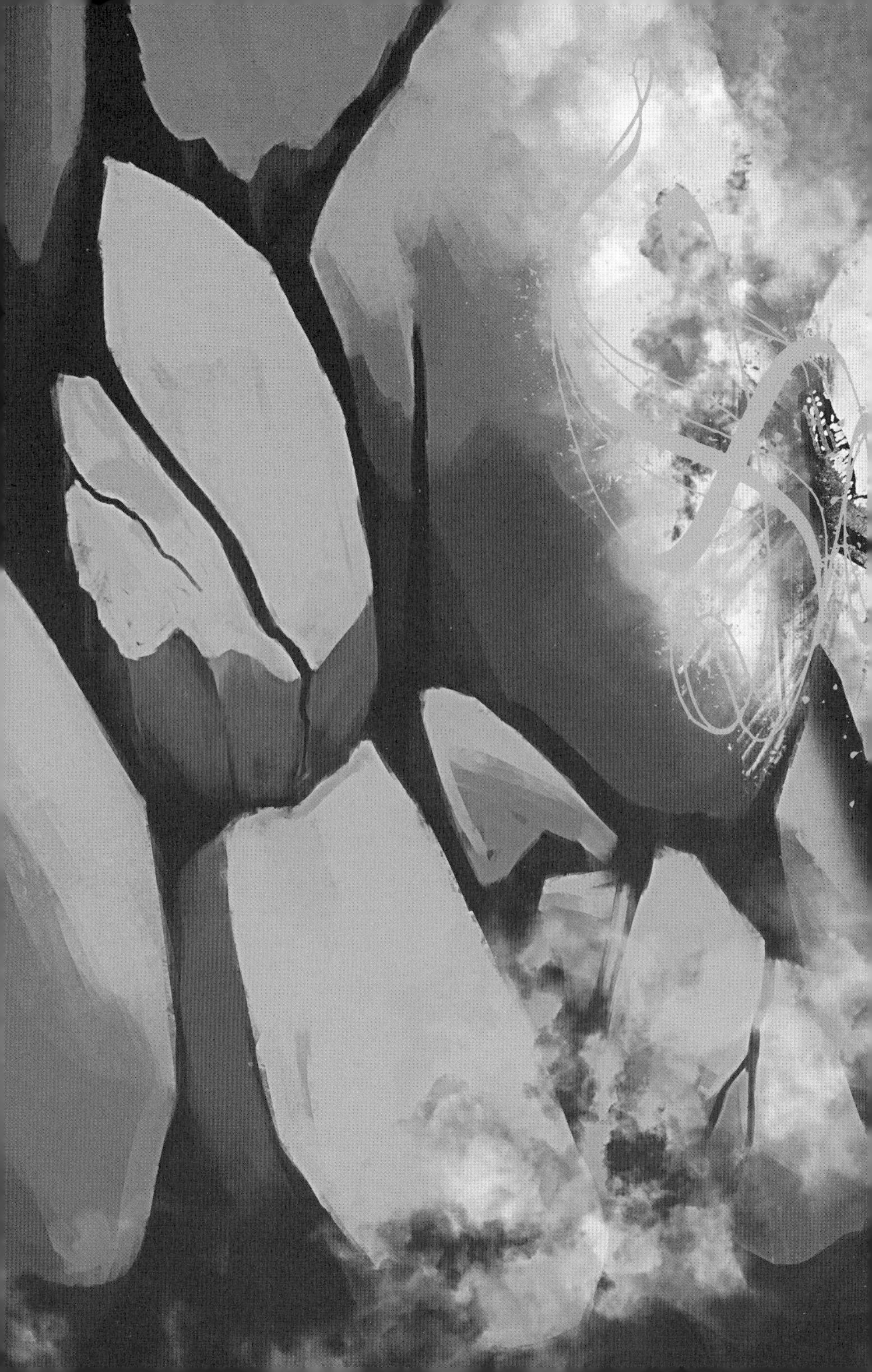

在本章向各位講述我的人生道路和心路歷程，以及我為何會接觸少林功夫，而且最終創立了歐洲少林寺。我的人生也充滿了光明與黑暗的時刻，但是這兩者最終促成了我找到眞正適合自己的路，並在其中發現了人生的目標。

父母在我走上少林之路的過程中扮演了重要角色，自幼起，他們以儒家思想中的品德修行教育我，我的心靈和生活態度受到其影響與薰陶。

難民父母給予我的美德教誨

一九八三年，我出生於德國凱薩勞頓市。父母在我出生的前幾年為了躲避共產政權而逃離寮國。「船民」一詞，今日或許不再是每個人所熟悉的稱呼，但是自一九七八年起，便有無數越南人、寮國人和柬埔寨人離開自己的祖國，以躲避越共的迫害與壓榨。如同我的父母，這些流亡的人都放棄了所有財產，以免在逃亡時引起注意。我母親僅有當時身上穿的衣服，還有一點點錢，用來支付渡過湄公河逃往泰國的船費。最後她和四個在同一家工廠當裁縫師的女性友人，一同越過了邊境到達泰國，避開了許多南越人和柬埔寨人迫不得已乘坐小艇出海的命運——只求馬來西亞或泰國能讓他們上岸，然而往往事與願違。據說當時有一百多萬人獲救，但是許多船民為了逃難付出了最高的代價，也就是性命。

我的父母在寮國時住得很近，但是彼此毫無關係，也各自逃難。短短幾週之內，他們已越過七百多公里到達曼谷。在那裡，母親只因為無法支付必要的費用而幾度入獄。最初幾年，尤其在逃亡期間，她經常面臨著生活最黑暗的一面。在當時的女子監獄中，許多囚犯過著苟延殘喘的悲慘日子。那時正是泰國、寮國、緬甸三國交界處「金三角」的全盛時期。隨著共產黨在中國取得政權，一些在中國被邊緣化的族群逃往了泰緬邊境。為了謀生，他們以種植和買賣罌粟為主要收入來源。在一九六五年至一九七五年越戰期間，金三角地區成為一座毒品重鎮。

母親在曼谷的聯合國兒童基金會難民營待了一年多。幾個月後，她收到一封前寮國鄰居（也就是我父親）的求婚信。她的朋友和阿姨們強烈反對，因為聽說他以前在寮國交過許多女朋友，然而我母親同意結婚。這就是為什麼他們是在陌生人的關係下逃離寮國，而以夫婦的身分來到德國。他們當時一無所有，只有彼此。令人感激的是，德國政府當時採取了不尋常而且非常人道的措施。那時德國面對的難民情況前所未有，因為對待晚期德裔移民（即冷戰後從原蘇聯及東歐回遷至德國的德裔）或政治難民的政策，都不適用於德國收容的三萬八千人。由於處理東南亞難民氾濫的問題刻不容緩，德國聯邦議院在一九八〇年時，針對人道主義援助行動所收容的難民，通過了一項措施性法律。

對於「船民」而言，這項難民法讓他們在居留權方面所受到的待遇，明顯比其他政治庇護的申請者優厚。相較於後者往往需等待數月、甚至數年才能獲得庇護，船民因為同屬一個群體，可立即獲得難民身分，享有公民權利。因此我的父母在兩週之內便搬進了一所公寓，父親在四週後就找到了工作。儘管如此，他們的生活仍然艱難，畢竟來自一個氣候溫暖的國家，而當時德國正值寒風刺骨的十一月，他們身無長物，沒有朋友，一開始也不會說德語。我的父母並非少林傳統的信徒，但是都深受儒家思想的影響和薰陶，品德對他們而言至關重要。儒家的倫理思想認為，世界建立於秩序的基礎上，而秩序的本質是道德，處於秩序中心的則是人。人人都應該努力追求道德與倫理的至善境界，並在家庭、工作、社會或政治等所有生活領域，遵循所謂的五種道德範疇，也就是「五常」：仁、義、禮、智、信。

美德如同道路護欄，能夠在艱難時期引領我們走向正途。雖然它們看似簡單，但是如果漠視美德的重要性，將造成社會秩序大亂。簡單而有效的方法如下：

我若行為端正，家庭便和諧。
若家庭和諧，村莊亦然。
若村莊和諧，郡縣必和睦。
若郡縣和睦，國家必安定。
若國家安定，宇宙必和諧。

因此我們每一個人的行為，都有助於秩序的提升或是導致紛亂失序，了解這一點很重要，而且應從小事開始做起。我們在寺院裡總是勸誡大家：**平常多留意小事，防止日後釀成大錯，而且從小事著手比較容易！**

我的父母當時只有一條路可走：勇往直前。這意味著不怨天尤人的去建立一個和諧的新家園。直至今日，母親仍舊會在寺院裡幫忙我們，大家都很欣賞她活潑開朗的性格。

有了安穩的家之後，先是我哥哥出生，後來我在一九八三年也來到這個世上。雖然我們出生於德國，卻沒有典型的德國童年生活，因為我們的家教深受儒家倡導的倫理美德啟迪，從這些美德中衍生出了三項社會責任：

一、忠誠（對國家與君主的忠誠）

二、孝道（順從父母與尊敬祖先）

三、維護禮節和風俗

從功夫開始的少林修行

「孝」對我而言，代表著我從未違背過父親。也因為如此，我在一九八七年聽從他的指示，毫無怨言地拋下我的第一臺電腦和遊戲機，展開了我在張大師（Chang Kwan Chun）門下的第一次少林功夫訓練。事實上在此之前，我津津有味的看了不少像《少林三十六房》和少林寺相關的電影，讓我父親的心願能順利達成。

最初每週上課兩三次，幾年後逐漸變成了每天訓練。放學後，我寫完作業便去練武，結束後回家吃晚餐，後來甚至和家人吃完飯又返回繼續訓練。別人認為我是一個安靜的孩子，也就是現代人所說的「內向」。與其在外面玩耍，更喜歡沉浸在一些能讓我發揮創造力的事物中。於是除了少林功夫之外，我的時間都花在製作模型，和各式各樣讓我彷彿化身工程師或規畫設計師的事情上。直到今日，這其中的妙處仍舊令我振奮：一開始只是許多密密麻麻的零件，卻可以透過全神貫注、認真以及精益求精的態度，被創造出對我而言堪稱藝術品的作品。在我的青少年時期，這種「先理解工程師的理念，然後發掘改善空間，並付諸實現」的思維，擴展到我所有的愛好上，例如開發、組裝、設計自行車、摩托車與汽車零件，還有我練習功夫所學會的技能。在這段期間，我產生了有朝一日成為工程師和設計師的心願。

然而我在年少時也曾有過歹念。仍記得一個至今對我影響甚鉅的事件。在青少年時期，我曾屬於幾個小團體，團體中的地位取決於財產，也就是你擁有或沒有的東西，這導致我做了今生第一次，也是最後一次的偷竊行為。當時我下定決心要偷一雙直排輪溜冰鞋，一方面因為很想擁有它，另一方面則是為了讓小團體對我刮目相看。心裡產生這個念頭之後，我便付諸行動，結果被逮個正著。在逃跑途中，我進入了一條死巷，最後被抓住也是必然之事。

對我而言，最糟的並非父親的打罵，而是他對我的行為大失所望，因為我的行為破壞了家庭和諧。所幸我在兒時就熟知每一個行為都會產生影響和因果關係，這不僅是指父親的懲罰，還意指這種行為所激起的效應，終究會回到我自己身上，因為因果輪迴，報應不爽。令我非常感恩的是，這些效應並未波及我的功夫老師。我在張大師門下學習了十四年的少林功夫，他不吝栽培我，而且自動自發、興致盎然的我也學得很快。當然，我最初學習的重點是身體技能，正如我喜歡自己組裝模型的嗜好一樣，我也想要鉅細靡遺的了解，並且應用其中真正的技術。隨著我能夠正確運用身體的技能，問題也隨之而來。因為所有上功夫課的孩子都挨了我的拳腳，對我而言這屬於武術練習的一部分，但是德國父母完全不以為然。一直到許多年以後，我才得知他們當時曾強烈要求少林學院把我開除。由於這是一所依賴會員費營運的武術學校，董事會必須對此慎重考慮。少林寺有一則傳奇：在一千名學生之中，只會出現一個真正的武者——而老師們都堅信，那個學生可能就是我。

張大師與董事會共同決定讓我與成年人一起訓練，如此一來其他孩子就安全無憂，父母們也可以放心，而我也可以繼續留下來。然而就在第一個小時的搭檔訓練中，便有一個大人被我擊倒在地，一方面因為我沉浸在運用完美技巧所帶來的樂趣，一方面因為他低估了一個十一歲的孩子。因此，是時候讓我學習把儒家的品德修養應用於功夫訓練之中了，同時結合少林傳統的武德。總而言之，只防守，不進攻，而且只在最緊要關頭進行防禦。

在接下來的幾年，我的師父也教我少林氣功。這背後的理念，是學習有意識的控制自己的力量和真氣，從大地和宇宙的根源汲取能量，這種力量強大而深厚，絕非肌力所能企及。一開始我根本無法理解這個理念。在最初的幾年裡，我完全缺乏自行練習氣功的動機。當然也有某些時刻，我更想去踢足球或游泳，但是我父親從不曾給我任何選擇放棄的機會，更別說只是讓我以敷衍了事的心態習武，畢竟我早在四歲時就已經開始學習功夫了。因此在經過十四年持續不斷的武術修習之後，也就是十八歲那年，我獲得少林功夫段品制的初段資格。「段」代表著「黑帶」，而黑色象徵著師父的權威、知識與經驗。

也就是說，在我的童年和青少年時期，生活重心主要是在學校念書和練習功夫。在一些非常稀有難得的時刻裡，我也可以沉浸在心愛的設計和工程藝術當中，這對我的生活有如錦上添花。

隨著師父的出現，我的生活裡也彷彿多了一位父親。他當時擔任少林學院的負責人，致力於推廣少林武術，經常在談話時向我傳遞佛教思想，使我拓寬眼界、增長見識。

然而我父母的期望非常明確。他們希望我成為律師、醫生或工程師，選擇一個能夠穩固生活根基、賦予我贏得社會肯定以及經濟保障的職業。反之，我的師父們則建議我去做喜歡的事，仔細思考自己每天願意為了什麼目標起床，尤其是想要如何度過人生的時光。

二〇〇一年，我長久以來的夢想終於成真。嵩山少林寺方丈釋永信首次派出由五位少林僧人組成的官方代表團，委託當時德國官方少林寺的德國負責人釋恆進與我們的少林學院建立合作關係。能夠獲得五位中國少林寺師父親自授業的機會，激起了我更想深入學習少林武術的滿腔熱忱。幼時的我是透過觀察、模仿和聆聽來學習功夫。雖然此時我也成為了教導功夫的師父，然而與這五位少林師父相處時，彷彿又回到了幼時的我，在隨後幾年的修練中重拾了觀察、模仿、傾聽者的角色。但是某些地方已不同以往。我的學習不只是直接透過少林寺師父們的教學指導，對於那些未被言喻、未被展示、未被顯現出來的事物，我也透過觀察和思索去研習其中道理。這一點對我產生了深遠的影響。

無論於公於私，我都謹遵師父們的教誨，探討少林核心理念的意義：

少林非拳，少林是禪。

禪的字面意思為「靜思」，在這裡也可以理解為「內涵」，而「拳」指的是功夫，是形式。換言之，這句話的意思是少林是在形式之內的靜思，也就是「以武參禪」。

傳統上，少林武術的知識只透過師徒傳承。這種關係也是少林寺宗法家族體系的基礎。元朝禪師雪庭福裕依照中國傳統封建社會的結構，把少林寺建成一座宗法家族式寺院，創造了沒有一字重複的七十字輩詩，以供僧人依輩分取法名。

二〇〇四年，我的師父們賦予了我法名「釋恆義」。這個名字一直伴隨著我至今。

雖然中文字成千上萬，卻因為音節數目有限而一音多字，所以儘管選字不同，同音的名字重複出現的頻率較高。師父取名時，最後一字通常代表人品。以我為例，是「義」字，也就是「正道、正義」的意思。

我們與位於柏林的少林寺合作，宗旨在於維護與發揚少林傳統。在緊密合作與執行過程中，我學到了很多，但是當中涉及的內部操作令我感到錯愕，儘管這些活動對於我們後來成立和經營歐洲少林寺有很大的幫助。然而在我們創建了第一座寺廟之後，隨之而來的卻是更多的政治操作、觀念分歧和失望。我感覺自己清醒了，而且需要保持距離。多年來我對穩固的組織體系習以為常，當下卻覺得它限制了我的行動自由。我感覺自己猶如籠中之虎，於是在一個夜黑風高的夜晚，我悄然搬出了寺院，遠離了師父身邊。

一顆子彈改變了人生方向

我的流浪生涯因此展開，在此只簡扼地描述一下。我在技術大學攻讀經濟和機械工程，由於內心強烈渴求著探索世界的新事物，所以在第三學期時便退了學。我渴望拋開一切熟悉的框架，拉開空間上的距離，於是我首先前往明斯特，在當地大學攻讀社會學與傳播學。當時正好我的童年好友從美國歸來，於是決定和他一起搬到他的家鄉羅馬尼亞，在那就讀歐洲研究學系。但念書其實只是幌子，在那裡我認識了一個前所未知的世界，經歷了一段既狂野又黑暗的時光。那是個紙醉金迷的世界，充斥著毒品和賺快錢的誘惑。我在集體毆鬥中證明了自己身手不凡，在保全業成為搶手的員工，然而內心始終渴望能進一步完善身體技能，對於我的功夫之路尚未完成也無法釋懷。如今回顧過去，我可以肯定的說，儘管我擺脫了「學校、練武、家庭、再一次練武」所組成的外在結構模式，但是內心的準則卻始終不變，有如穩固的架構，使我在黑社會中平安無恙。

不久之後，我在各個城市和國家的旅途中恢復了個人訓練。我利用這段自我反思的時間練習了其他風格的武術，譬如現今非常知名的詠春拳。

某日，包括我在內的兩個團體發生了爭執，情況越演越烈。突然間我看見了槍口。即便我擁有所有的格鬥能力和多年的密集訓練，面對面的近距離讓我有生以來第一次意識到生死一瞬間。只要一顆子彈，就能讓手無寸鐵的我一槍斃命。那一刻，我內心鞏固的結構崩坍了。我從武術中獲得的內在安全感——「無人能傷我毫髮」，就此瓦解。

由於接觸過三教九流、各式各樣的圈子，我很清楚每個人都有辦法取得武器，只要花幾分鐘了解操作方法，便擁有了自衛和殺人所需要的條件。如此說來，我何必進行長達幾十年的每日訓練？武術現在對我又有什麼用？

我開始質疑一切。

學習武術是為了搏鬥嗎？當然也是原因之一。有人說：「與其在戰場上當一名園丁，不如在花園裡當一名戰士。」但是修習武術的意義遠超過於此。少林精神的基礎是武德，武德要求我們成為一個正直的人。我以前年輕氣盛，不在乎這些。我和大多數成長於西方世界的人一樣，努力追求外在的事物，以競爭角逐為思考導向。我不斷提升自己，因為我總是和別人較量。我仰望他人的成就，常問自己：我要如何做才能與他們並駕齊驅？

回顧從前，我確實看到這種競爭思維深植於我的生活之中，為的是不斷挑戰自我，發掘自己最佳的一面。然而隨著時間流逝，為什麼習武以及依舊不斷努力的原因已經改變了，我不再和別人比賽以一決高下，只和自己競爭。因為那些你努力看齊的典範，終有一日會功成身退，「只和自己比較」這一條路則永無止境，因為每個人的潛力無限。當你和自己比較時，可以反省昨天、上週、上個月、去年的你是個什麼樣的人，獲得對自己更深刻的洞察。以前你可能羨慕別人的體能或者身體技能，因此也想要成為那樣的人。**然而事實就是沒有人能夠成為別人。放下這種想法，才能贏得探索內心深處的能力，進而認識真正的自己。**

無論是過去或現在，都是一場自己與自己的長期奮戰，對我而言也是。因為我們每個人都藏有各種藉口，對於該做的事情推三阻四，但是對於一些讓人心存疑慮、甚至明知不公不義的事情，卻又願意去做，或者認為非做不可。但是如果我們能夠深入心靈內在的境界，從佛教萬物一體的觀點來說，這代表著和宇宙和諧共存，和此生仍然有待發掘的自身潛能和平共處。當時，我並未覺得走在一條適合自己的路上，就像年少時總是渴望深入了解自行車或摩托車的核心原理一樣，我知道自己距離少林功夫的精髓還非常遙遠，這促使我踏上了返國的歸途。我完成了兩個學位，一方面是因為我曉得德國很重視文憑，另一方面是為了符合父母的期望。儘管如此，我在結業考試期間就已經明白，我不想以就讀的專業科目展開未來的職業生涯。我拒絕了一份待遇優厚的工作，在二〇一一年回到了凱薩勞頓，也有部分原因是為了能夠離父母近一點。

我帶著那些年在旅行與探索的歲月中所獲得的經歷，所幸也有部分是很深刻的體驗，我開始慢慢發現並理解內在的氣功修練——也就是與身體內在真氣的相處，是我練功時不可分割卻又缺乏的部分。

如果今日有學生問我，在他們的家鄉只有一所功夫學校，但是不教氣功，該如何是好？我會建議他們尋找其他管道，即使這意味著會有兩位老師分別指導功夫和氣功。只單獨學習或教導其中一種功法的人，將遠遠無法發掘自己的潛能。

我指的不僅是身體的技能，在心智層面也是如此。你是否希望在事業與工作上獲得賞識與器重，不再受他人剝削或頤指氣使的對待？那麼就重新穩固的扎根！練習站樁這種「有如木樁一般站立不動」的功夫，幾個月之後，你將感受到自己和周圍環境產生了初步轉變。

在明斯特和羅馬尼亞的經歷，讓我更加認識自己。見識到這個世界形形色色的面貌，對於自身能力和潛能的覺察變得更加敏銳，讓我更確切、更透澈的認清人生道路將引領我走向何方。當我們旅行時，不僅止於見到新的城市和風景，還會贏得全新的視角。

當我返回凱薩勞頓時，我的哥哥已經搬至柏林。對我而言，我明顯感受到在父母身邊比遠赴他鄉或拓展事業更為重要。雖然我已經擁有兩個學位，回國後我仍繼續進修，以實現父母的心願。我的學業，還有當時與柏林少林寺新上任管理層出現意見分歧的情況，都未曾讓我放棄在凱薩勞頓建立由我領導的佛教僧團計畫。我們與柏林少林寺保持著交流，但是面臨巨大的挑戰，未來的路充滿了不確定。

面對生命垂危的父親，我做出了決定，要走一條不同於常規的路。在認可與批評聲之中，在孤軍奮戰與數十萬的追隨者之間，我面對著我的道路，一種無可估量的洞見在我的內心深處醞釀而出。我為我的構想擬定了一份商業企畫，並據此申請了一筆貸款，接管了為僧團擔保的工作，開始建立和創辦這座今日名為「歐洲少林寺」的寺院。

保存並弘揚少林寺傳授予你的知識，用以為眾生造福。

排除萬難創建歐洲少林寺

為了成功創建歐洲少林寺，我們進行改造計畫，用心策畫並且全力以赴，但好事總是多磨。我們提供各種氣功研修營、功夫初級班、禪修課程、佛法講座，以及「短期出家」的寺院生活體驗。參加短期出家體驗的人，將整日和弟子們（見習僧）共同生活。僧伽（佛教僧團）的需求，是我們的首要考量。只有當一切都打掃乾淨、花園與房屋收拾得井然有序、食物都備齊之後，才是練功與禪修的時間。為了確保練功與禪修能夠兼顧，我們規畫了明確的日常生活作息，所有人都遵循著常規生活。某些靜修營能夠吸引五個報名者前來，令我們感到欣喜；但是其他的靜修營通常只有兩人報名參加。即便如此，我依然深信不疑，創辦這座佛教寺院並在此擔任師父，是一條正確的路。然而萬事俱備，只欠東風，我找不到能夠讓更多人知道少林武術傳統和歐洲少林寺的竅門。

我的父親最終在我回國一年後因癌症去世。為了紀念他，二〇一三年我完成了學業。雖然新的文憑是對自己的進一步肯定，卻仍無法減輕我心中的失落感：我在學識上投入這麼多年的心血，最終卻無法回報父親。

寺院內的氣氛變得越加沉重。二〇一五年，弟子們突然全部離去。財務狀況岌岌可危，無法再支付房租。我不但無法幫助母親，甚至還不得不向她借錢加油。我準備向前邁進的這條路，似乎提前出現了盡頭。我不願想像，也無法想像。

財務顧問的分析預測，令人萬念俱灰。為了避免延誤申請破產的危險，我懷著沉重的心情與銀行協商，告知無力償還貸款。在本書第九章〈克服五蓋與內在修練〉中，我描述了走在正確之路的感受。這裡我先簡略說明一點：當一個人全心投入而達到物我兩忘的境界，並且激發出宇宙天地為他量身打造的潛能時，他連想都不敢想的事情也會發生。奇蹟出現了，銀行並未趁人之危，以低價購入寺院的所在地，Weinbrunnerhof。專案負責人反而對我們的理念依舊充滿信心，讓我們能夠以更低的利率償還貸款。

我繼續處理寺院內外的大小事務，逐一克服每個問題與障礙，眼前始終有個不變的目標，就是與歐洲人民分享少林武術傳統的真知灼見，更平易近人的推廣這門知識，並且在這一條賦予我人生意義的道路上勇往直前。慢慢的，我們的寺院漸入佳境，拜訪歐洲少林寺的人數每個月持續上升。一直以來的努力耕耘，終於迎來開花結果。我們在社群媒體日益提高的曝光率，以及來自訪客的意見回饋，讓我更加堅信自己走在正確的路上。如今，我們寺院的僧團已經成長為一個大家庭。

回顧過去，一路走來遇到的挑戰以及經歷的風風雨雨，都是註定的過程，不應更改，也無法更改。否則我也不會成為此刻的我，正抱著感恩的心與對生命的熱愛，回首著過往的人生低潮與困境。所有艱難，最終讓我成長並且獲得洞見。今日的我，對人生充滿著信心，也體會到天地宇宙希望我們幸福圓滿，尤其是當我們訂立的目標與生活和諧一致時。我所覺察、感知到的這種契合、圓融或者平衡，我想透過本書傳達給大家。

少林之路是一條實踐之路。請時時刻刻銘記，這條路首先就是艱苦的自我修行，目的在於更加了解自己。一旦你能夠洞察自己的內心，對周遭的人也會有更深的認識。如此一來，你才有主動接觸他人並提供援助的機會。這絕對不是一種以自我為中心的過程，相反的，只有當一個人解決了自己的問題，並從中記取經驗與教訓，才有餘力為他人分憂解勞，並在艱難時刻提供支援。

讓少林精神開啟你全新的視角

每個人都帶著預先設定的模型進入生命的軌道，我指的是每個人與生俱來的身體和心理條件。但這些條件會在人生中不斷變化，隨著時間日積月累，這個模型充滿了來自各種不同生活層面的經驗、評價、想法、夢想以及觀點。若是缺乏必須具備的專注力和能力，就無法獨立自主、有意識的去篩選模型的內容，最後也難以真正承擔起責任。經年累月在我們內心累積或壓抑的事物，部分源自於社會的期望，而這種期望會使我們的生活變得艱難和疲乏無力。我們與它共存，卻從未感到真正舒適，這種情形就好比不合身的衣物，穿起來感覺刺刺的，甚至可能有時候會緊繃得讓人疼痛。這時，我們清楚的感覺到內心有某種東西沸騰著，它亟欲表達自己，渴望自由自在。

想知道你是誰，就檢視你過去的生活。

想知道你的未來前景，就檢視你現在的生活。

你是誰？

就是此刻，請花一點時間深入了解自己的過去。

·回想成長歷程，問問自己，過去的哪些經歷對你造成深遠的影響，讓你成為今日的你？

·是否有一些過去的事情，或許還潛藏在你心中，未被察覺？

·你是否把這些事情壓抑在心裡？或者從未抽出時間仔細思索究竟發生了什麼事？

·仔細觀察你目前的生活，是建立在自己的想法、觀點和心願的基礎上，還是按照著他人的期望？

然後把注意力放在目前的自己，你是誰？你在做什麼？此刻你的潛能是什麼？你的能力有哪些？試著找出來。很重要，因為這些決定著你的未來。

認識自己的潛能，即使處於新的人生狀態和環境也不斷的去發掘，是少林精神傳授的核心技能，然而這不是一項使生活因此變得簡單的保證。人生就是如此，總是無常，沒有人知道明天會發生什麼事情，沒有人知道你和我會面臨什麼挑戰。但是如何應對這些挑戰，卻完全掌握在你的手裡。那麼你將如何應對？會怎麼做呢？

以泰然自若的心面對生活的坎坷險阻，讓平靜、力量、堅忍在你的內心落地生根。那麼無論發生什麼事，也能排除萬難——少林武僧的思維方式能夠助我們一臂之力。少林精神使我們的生活變得容易一些，因為它使我們變得更強大。

我的心願是讓你和每一個人都能夠實現身心合一，幫助你了解你與天地之間存在密不可分的關聯，因為人類的生存仰賴著這兩個領域。

如果我們對自己和天地之間的關聯欠缺認知，便會走上不和諧之路。我們可能因此過分執著「天」的層面：充滿人生夢想、過於講究理論、生活只是言語和思考，卻缺乏穩固的基礎。這樣的生活缺乏穩定性、立足點和根基，與「大地」失去了連結。反之，如果我們過於依賴「大地」，則會缺乏創造力和靈感，心智變得遲鈍，也難以辨識人生的新道路或機會。亞洲人的哲學，尤其是少林寺的教學方針，均視人類為天地之間的樞紐。佛教主張不偏於任何一方的「中道」，是我們應該走的正道。

在透過本書共同探索的這段旅程中，我的角色並不是你的老師或師父。我想為你開啟一個世界，這個世界不是讓你不斷累積知識，而是讓你回歸自我，學會分辨生活中有哪些觀念和理念源自於你本身而且與你契合，哪些則是從別人那裡接收而來，如此才能去蕪存菁，擺脫不適合自己的觀點。

對於你的人生觀和平日的生活態度，少林精神也將為你開啟全新的視角和實踐方法，以幫助你隨時自我反思。你的責任心和意志力，應該用於不斷培養自我洞察的能力並且與日俱進，你必須靠自己找出停滯不前的阻力。

世上協助個人成長的理念和觀點多到不勝枚舉，但是少林的教條規範之所以獨樹一格並具有特殊價值，是因為它關乎一種修行，這種修行涵蓋了人生所有層面，而且隨時隨地都可以實踐。舉凡從起床到入眠之間，你所做的每一件事，都是你可以將少林教條化為實際行動之處。如此一來，你賦予了少林精神豐沛的活力，而少林精神也將成為你的人生伙伴，與你形影相隨。雖然沒有人親眼目睹，但是別人會在你身上感受到它的氣息，這就是少林精神。

即便我歷經三十六年的武術訓練，無論在此刻展現了多少高超的技能，也無法抵擋身體的極限與脆弱，這是因為身體是我們從這個世界借用的。年復一年，我們感受到身體受限的程度越來越大，而且衰老是完全自然的現象。也正因為如此，嘗試以其他不受形式限制的方法來感受自身的存在，可以豐富我們的生活內涵，也因為無形無狀，所以終其一生都能夠保存。

這種無形便是精神。

在亞洲的武術中，站立訓練是不可或缺的寶貴方法，不僅用來培養站立時的四平八穩，更能在進階訓練時提升體內的能量——真氣。在練習下列的第四種方法時，便能親身體驗。

〈少林修練〉方法四

磨練意志力

「站樁」是站立練習法，顧名思義即「有如木樁立而不動」。下一章會對站樁有更進一步的闡述。站樁包含多種站立的姿勢，本書會詳細說明其中幾種有助於個人修習的站姿。

受到不同傳統學派與風格的影響，站樁具有多樣化而且差異懸殊的姿勢。每一個樁步都包含一個外在的樁架結構。除此之外，站樁也針對練功時內在的修心養氣提供詳細的指導方法，目的在於鍛鍊和培養某些特定的技能。

有一種古老、昔日祕不外傳的站樁功法，源自於少林「心意把」，今日仍由該拳法風格之始祖並以心意拳著稱的「戴氏」家族修練。心意拳的核心功法「蹲猴樁」，又稱丹田功，是一種促進氣血運行、極為特殊的樁功，直接跟隨老師學習最為理想。蹲猴樁的功法在於調息、自我平衡的覺知以及增強意志力。它的獨特之處，一方面在於對身體產生極端挑戰的姿勢，另一方面則在於非常講求細節的功法，在練功時必須全程遵守。這種結合樁架和拳法的獨特功法，使練功者在身體和精神上體驗到前所未有的極限，而且這種極限唯有透過意念才能克服。

以下是練習站樁的摘要，能讓你大略有個概念。

蹲猴樁的六種姿勢特徵：

- 雞腿
- 熊腰
- 龍身
- 猴背
- 鷹膀
- 虎豹頭

蹲猴樁的十二個重點是：三尖、三合、三圓和三心。

如果姿勢正確，只需片刻便能感受到這六種姿勢的功用，以及在體內造成的影響。因此，當你正在嘗試以身體結構反映出這六種姿勢時，有可能因為試圖調整五個細節部分，卻同時扭曲了另外兩三處的動作結構，最遲就在這個時候，你的蹲猴樁便失敗了。所以練習時必須在很多方面同等兼顧，並且不斷重新調整和修正。

蹲猴樁的練習姿勢最主要的目的，在於讓你不斷自我挑戰，設法使心靈與身體和諧相融，儘管剛開始感覺並不協調。同時透過呼吸法創造內心的寧靜，即使練功艱難也能氣定神閒，堪稱是一種高超的技能。

站樁也能用來磨練並增強意志力，不光是身體，在精神層面尤為顯著。在本質上，你的意志力與意願密不可分，練功若能持之以恆、吃苦耐勞，便能累積強而有力的能量，培養並鍛鍊出真氣——也就是元氣與力量。站樁的時間取決於練習的姿勢，從五分鐘到三十分鐘不等。

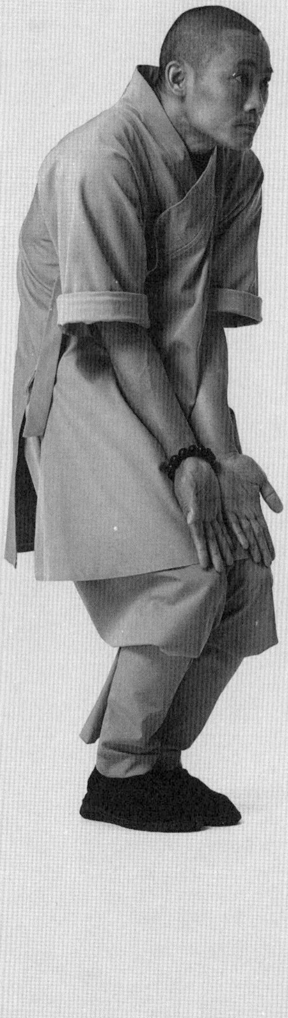

第五章

站樁：調節內在平衡，天地人合一

從前我從老師那裡聽到許多教誨，其中之一是：先學會站立後再走路，然後再跑、再跳躍。

學習站立意味著向下扎根、屹立不搖，爲生命建造穩固的地基。在亞洲的武術當中，太極拳和氣功包含一種特殊的站立訓練，就是著名的「站樁」，字面之意是「站著的樁」，引申爲「像大樹一樣站著」。

或許你會問：「樹如何立著？我該怎麼做才能像樹一樣，只是靜止不動的站著那裡？」這些問題都很合理，儘管這是從外在的角度來觀看世界和自我。當你深入練習站樁的功法時，它將引導你前往內在探索，讓你看到之前尚未發覺的東西。

站樁雖然包含各種不同的練習和站姿，但是有三項基本的重要關鍵，在每次練習時都應該謹記於心：

- 隨時觀察並修正身體的姿態。
- 需謹慎留意，避免產生無意間的緊繃狀態。
- 注意並觀察內心和身體的每一個反應。

當我要求學生們學習站立時，他們經常感到詫異，畢竟對他們而言，站立似乎是再熟悉也不過的事。然而他們很快便意識到，站立其實需要學習。隨著循序漸進的練習，他們將會發現一個嶄新而未知的世界。實現這一點需要兩項條件：堅持不懈和意志力。

當你開始練習第一個站姿時，務必同時向自己承諾：至少在接下來的三個月內每天練習站樁。這絕對值得！

強韌，始於打造穩固的根基

現代人常見的主要姿勢有兩種：坐在書桌前或是躺在沙發上。從這兩種姿勢起身之後，你或許會去慢跑、上瑜伽課或健身房。但是若沒有打好基礎，你的健身運動以及在工作中的「立足」都會缺乏根基，讓你無法發掘潛能而遲滯不前。如果你能像德國橡樹一樣筆直的站立，將自己融合其中並且持之以恆的練習，有朝一日你會像橡樹一般堅韌強大，不論在工作領域或是私人生活，人生中的風暴都無法輕易將你摧折。當一個人重新扎根於腳下的土地並且能夠如實感受，產生的效果幾近神奇。

許多人遭遇意想不到的事故時，頓時便失去了平衡、沉穩以及內心的平靜。因此當你開始練功時，無論是哪一種武術學派，首先必須學習的就是正確的站立方式，這代表把身體的焦點瞄準大地，因為這是你之後練功時所有技術與應用的基礎：基礎的優劣，決定練功的成敗。這個基礎包括身體和腿部的穩健性。

由於現代人的生活方式迥然不同，沉穩堅固的根基變得不再是致勝關鍵。例如現今社會，人們拜社群媒體之賜，一夕成名變得相當容易。又例如許多人夢想的生活方式，完全只是富裕的物質生活。事實上，人生的一切終有達到顛峰的一天，之後便逐漸遞減，直到消失。這一刻便會產生一個至關重要、甚至關乎生死存亡的問題：支撐人生的基礎是什麼？因為快速到達頂端的路，有時也意味著快速下滑。因此我們必須跳脫既定的框架，開啟嶄新的思維。德國橡樹以茂盛和強韌著稱，能夠抵禦各種狂風暴雨，它之所以穩如泰山，是因為有足夠的時間扎根於土壤深處。

為什麼你需要扎根？因為扎根將你和供給所有養分的大地互相結合。土壤滋養你的樹幹、樹冠和所有果實，培育你的生長能力，是你成長茁壯不可或缺的基地。一個人若具有結實的根基，才能精益求精，盡善盡美。其中，重複不斷的過程是重要關鍵。如果一部電影非常出色，想必場景的拍攝重複了無數次，鏡頭角度也一次又一次的調整過。又或者一個從事木工的人，唯有不斷的反覆磨練和雕琢，技藝才會精湛。所以你也要緩慢而穩定的成長，給自己學習的時間，並且抱持謹慎而專注的態度去執行。就如同建屋時必須確保地基穩固、具有承載力一樣。

道家哲學主張「天、地、人」三位一體的世界觀，對於修身養性以及平日練功啟發甚鉅。人處於天地之間，身為連結的樞紐，蘊含著天地兩者的特質。你是否曾經問過自己，你的身體究竟來自何處？在過去幾年中，你以什麼滋養你的身體、頭髮、血液、器官、肌腱、骨骼，以及其他的身體部位？我們的身體，以及運用與支配身體的能力，都是大地的恩賜，是它滋養著我們的身體。大地是養育所有生命的溫床，我們的身體與大地之間不斷進行著交流。我便是以這個視角來看世界，並且在這個世界中認識自己。

天與地擁有不同的特質。大地化萬物為形體：男人與女人各自具有特定的體型。動物的外型更是林林總總，植物、車輛或建築物也是如此。這一切都是肉眼可見，正因為它們具有形體。

天的特質則是無形、無邊際。難道當你仰望天空時，曾經發現有一條終止天空的邊際線？

這種無窮無盡的特質，既深不可測又難以捉摸，但是和人類有何關係呢？人類的思想或內心世界被歸類於天的屬性，彷彿浩瀚無垠的天空反映出同樣無邊無際的內在思想世界。我們的腦海裡充滿了各種創意、解決方案和理念，而且這些想法有可能在世界上前所未有。人類能夠在內心世界裡體驗到靈感湧現、創造力爆發以及對自我的全新洞察。對於人類而言，僅憑著心靈和思想去發明不存在的東西是完全有可能的。這些東西可以是幫助人類生活不斷進步的便捷發明，也可以是滿足人類需求的各項科技發展。人類的心智能力成就了這一切，因為它是無形的，所以永無止境。

這些對於天與地的觀點，和練習站樁有什麼關係呢？站樁是讓你（重新）與天地合一並且覺察天地特質的方法。透過循序漸進的鍛鍊，久而久之你將感覺從雙腳至全身在地底下扎了根，而你的頭部（心智）則與天合而為一。

練習站樁時的體驗和洞察

當某個姿勢讓你感到不適，就代表那個部位的肌肉處於緊繃狀態，所以非常吃力。這時把注意力集中在疼痛上，然後深呼吸，試著甩掉疼痛的感覺。如果經常練習，你將注意到自己的身體開始自然調整，而且逐漸不須緊繃著肌肉姿勢也能維持。一旦肌肉組織放鬆，身體將更為通暢，阻塞得以消解，氣的流動也因而變得更加順暢。在身體經歷這個過程的同時，伴隨而來的是精神層面放下一切的感悟。所以在前來寺廟的訪客之中，我們目睹過有人瞬間淚流滿面，有人藉由其他情緒的力量來釋放感受。

光是靜止不動的站立幾分鐘，或許一開始就足以讓你打退堂鼓。但是就當成送自己的禮物，起初保持一個站姿五分鐘即可，切勿屈服於任何外來刺激，例如抓癢。這是值得一試的，當以後能站得更久，十分鐘、十五分鐘，甚至整整一小時，你將親自體驗到身體被大地滋養的感受。

站樁在心靈、身體和健康都能發揮非常正面的功效。練習站樁的另一項優勢也展現在武術的運用之中，它使習武者與地面非常穩固的結合，也正因為如此，習武者的身軀充滿了靈活性。在練習過程中培養出來的敏銳度、對天地與陰陽的覺察力，讓看似互相對立的元素之間，例如結構與自由、穩固與靈活，產生了完美的融合並契合無間。唯有結構與穩固才能給予我們安全感，使我們能夠自由而靈活的活動。這是面對、抵抗周遭外力與攻擊時的最佳先決條件。

創造出一個架構，創造出讓你全身能量源源不絕的條件。

站樁可以讓習武者充分體驗到這一點，而且在武術中，當人與人之間有身體接觸時，站樁的實質優點便會更加凸顯。在武打之中，身體內會產生一些無形的變化過程，能夠清楚覺察、感受這種現象極為重要。練功者一開始站定的方式，便決定了本身是否四平八穩，面對敵手是否能夠接招化力，或是不堪一擊。

不同的人需要不同的入門學習方式。有些人需要千挑萬選出一種語言，有些人需要動聽的故事或者傳奇逸聞，還有些人則透過自身經歷和體驗來領悟世間之事。正因為如此，少林寺珍貴而包羅萬象的知識對我而言是無價之寶，值得流傳並與世人分享。因為少林傳統融合了大量功法，所以能夠為各式各樣的人開啟學習的管道，站樁便是其中之一。透過站樁，可以體驗到修練少林武術如何豐富習武者的人生，以及這兩者之間密不可分的關係。

站樁的醫療功效

僅僅經過幾週的按時練習，你便能發現健康好轉，因為你的體內發生了一些變化。以醫學角度來看：

- 紅血球數量增加
- 血紅素的生成增強
- 神經反應改善
- 氧氣攝取量提高
- 大腦皮層的活躍度增加
- 睡眠品質提升

練習站樁時，會保持一個動作直到練習結束。不動，也就是外在姿勢幾乎不變，並不代表一切靜止，而是以非運動的方式體驗生命。站樁時必須在細微處下功夫。靜止的樁步給予心靈一些時間和空間，讓我們能夠與自己以及身體獨處和交流。當我們只是文風不動的站著時，我們的內心產生了什麼變化？是什麼變化，讓我們在站樁之後明顯感到放鬆和愉快，偶爾也非常筋疲力竭？

一、**在寧靜之中，我們可以觀察。**

二、**我們辨識到細節以及其中的關聯。**

三、**我們學會調整。**

我們不僅從少林功夫學到與身體相關的知識，也學到許多讓生活受益無窮的智慧或美德：斷捨、忍耐、謙卑、紀律。本書中介紹的樁步和練習，人人皆適用，但是也可能極具挑戰性。透過站樁，不僅讓身心共修，也能對自己的身體進行探索。站樁也如同一種禪修，因為當你的身體向你進行挑戰時，你的心靈將轉為寧靜。

在我們少林寺的巡迴研討會中，我們提供各種職業的人的訓練課程或講座，特別是在財經界，我遇見許多正在尋求這種靜謐的人。其中一位管理階層的參加者，後來成為我的學生。如今他已經練習站樁數年，也向我分享在觀念上的轉變：「當公司令人疲乏的會議結束之後，同事們都去喝一杯濃縮咖啡提神，我則留在會議室裡站樁十到十五分鐘。這種活力充沛的感覺和喝一杯濃縮咖啡截然不同，而且可以持續一整天，甚至到晚上，更何況還不花一分錢。」

每一條路，都從踏上的第一個腳步開始。練習站樁時，初期以五分鐘為限。練習呼吸吐納法和站立時，務必有意識的進行。讓這幾分鐘變成一個不同於日常生活的時刻。運用儀式感展開站樁訓練：選擇一個寧靜的地方，放輕鬆的吶氣和吐氣，嘗試讓內心平靜下來。每天練習，並且按部就班的慢慢來，不慌不忙，勿超過五分鐘。如此進行兩週。從第三週起可以每日增加一分鐘。到了第四週時，原本覺得不可能的事已經做到了：此時的你，已經能夠站樁超過十分鐘。這幾分鐘，是你與自己共度的私密時刻。

站樁帶來的身心體悟

為了修身養性，訂立一些培育我們發展的框架條件不可或缺。這些條件是練習站樁的第一步，涵蓋了所謂的「結構工作」：骨架與關節的精確調整、骨骼之間的正確定位，以及有意識的覺察自身肌肉放鬆或緊繃的程度，這些都是和結構相關的工作。精準的調整身體需要兩件事：

一、**全神貫注在身體需要調整的部位。**

二、**具有向身體下指示並要求遵循的心智能力，因此身體與心靈之間必須和諧共處。**

旁觀者以及不練習站樁的人，往往無法理解身體與心靈的關係需要系統性的發展和培養，因此修習任何一門少林功夫時，一開始的重點便在於訓練對身體的覺察能力和意識。本書也提供一些練習，協助你逐漸培養身體意識，而進一步建立、加強並深化這一意識，便是我們練功和修身的目標。透過練習站樁，親自去發掘它對你的意義吧！

❖第一個站樁練習：如樹一般站立

尋找一個安靜的地方，讓你在十到十五分鐘能夠不受干擾的獨處。自然放鬆的站立，並注意以下細節：

一、**採取自然站姿**

・雙腳打開，互呈平行，男性兩腳距離約與肩同寬，女性約與臀部同寬。
・放鬆臀部，尾椎微微向前傾。此時你可能有下方脊椎獲得紓解的感受。
・兩膝自然微屈，不要太低，從這個姿勢慢慢熟悉樁步。如果膝蓋彎得太低，可能導致腿部肌肉痙攣，因而過度分散你的專注力。
・下巴朝胸部方向略收，想像你的頭頂連接著一條繩子，把你往天空的方向提起。
・雙眼望向遠方，同時有意識的注意放鬆臉部。放鬆眼皮、額頭、髮際、耳朵和嘴唇。
・放鬆頸部和肩膀，確保能夠持續不斷的解除胸腔部位的緊繃感。
・嘴巴輕輕閉合，舌頭輕抵上顎，上下顎保持放鬆。
・手臂和雙手在身體兩側自然舒適的下垂，腋下留出一點空間。想像你的腋下有一個容得下小乒乓球的空間。

- 手掌朝向臀部，但不要碰觸。
- 這個姿勢是自然站立的基本功。

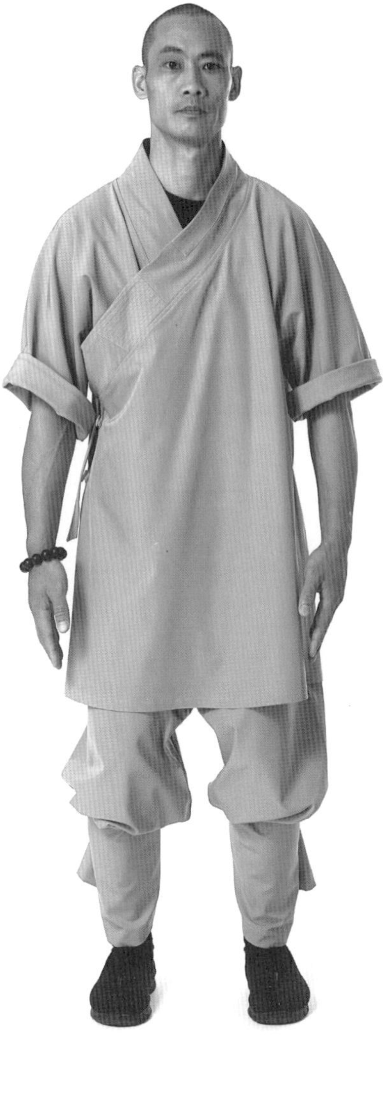

二、學習放下

．一旦站姿調整正確之後，就開始進行身體內部的鍛鍊，辨識體內緊繃之處並且有系統的緩解。

．將意念和注意力集中於身體的不同部位。

．觀察：

——頭部、顱頂、額頭、上下顎、嘴巴

——脖子、頸肩、肩膀

——上臂、前臂、手腕、雙手、手指

——胸部、腹部、髖部、臀部

——大腿、膝蓋、小腿

——腳踝、腳趾、腳底

並且感受腳下的土地。

．接著由上往下引導注意力，從頭部開始，慢慢的一直沿著身體向下移動，有如身體掃描器。

．在這個掃描過程中，不斷問自己：我可以讓這個部位再放鬆一些嗎？然後執行！

．帶領你的思緒更深入身體各個區域，找到其他緊繃的部位並嘗試放鬆。

・越專注，就越容易覺察更深層的緊繃現象。
・繼續練習，有系統的、從頭到腳持續進行這種結合探索與放鬆的鍛鍊。
・發現緊繃部位時，可透過呼吸吐納法來消除。首先深吸一口氣，然後在吐氣時讓緊繃處鬆弛。
・在這個練習中，釋放緊繃處便是你專注的焦點。
・以二至三次呼吸的時間，對每個身體部位保持觀察，之後才往下一個區域。
・最後抵達雙腳和地面時，便完成了第一次的全身掃描。此時重新從頭部開始掃描，這一次嘗試更深入的尋找緊繃之處，然後再次解除。
・隨時留意，在全然放鬆的同時不可失去「自然站立」的結構。

規律的練習將促使對身體的覺察能力日益增長，同時也學會分辨哪些肌肉、骨骼、關節必須運用和調整，以便使身體呈現適當的姿勢。在這個姿勢中，你的身體重量幾乎完全透過正確的結構承載著。建立了正確的結構之後，你才有能力放鬆體內任何有意識或無意識的緊繃狀態。

如此一來，「結構與自由」便相互和諧。

練習站樁的人，在短時間內便可體驗到身體能量的巨幅增加。這股能量並非從外在湧入，而是因為身體經過正確的調整之後，重新釋放出能量。坐、立或行走時的不良姿勢都會造成身體緊繃，導致肌肉為了彌補不良體態而過度施力。傳統中醫稱之為能量阻塞或氣滯，這表示因為結構不良，能量無法再沿著經絡或穴道自然的循環流動。氣滯的結果便是身體與心理失衡，也是許多疾病的成因。

站樁的目的在於發現能量的阻塞，並透過系統性的調整全身，使氣血重新暢通。

我在本書提到的氣功或太極拳，指的是我本身所熟知的少林氣功與少林太極拳，後者在我們的寺內也稱為「少林柔拳」。顧名思義，柔拳意指柔和之拳。少林功夫側重於外在的肌力，而少林柔拳則是內功修練拳法。氣功和太極拳在西方國家已經廣傳數十年，經常被視為一種放鬆身心、提升舒適感的功法。我們練習氣功和少林柔拳，是為了培養體內真氣，或者為艱苦的體能鍛鍊先做準備。無論是有關呼吸吐納的調息法，還是站樁養生功，都教導了我們有關身體與心靈的基本知識，有了這些基礎，才能夠完成進階的動作和鍛鍊。歐洲少林寺在 YouTube 頻道上提供了免費的學習影片，並經常收到學員的留言提問。例如有些人在晚間學習氣功「八段錦」之後，發現自己無法入睡。他們察覺自己胡思亂想，心神不寧，這是因為他們的體內釋放了大量的能量。

你在練功的路上也將體驗到這種現象。假如能有一位老師在你身旁指導，是再好不過的事。倘若你有幸直接向一位師父學習功法，務必確切遵循他的指示，即使你尚未了解為何必須進行某項練習，或者還不明白師父的某個指導意義何在。

八段錦包括八式，由於動作柔美、姿態優雅而被喻為如錦緞般的華美珍貴。但是八段錦真正可貴之處在於它的功效：僅憑八組動作就能夠影響並刺激身體的大部分區域。這是一種充滿活力的身心運動，結合了深入的呼吸調息法與心靈的寧靜，能幫助你調和自身的內氣，進而使體內氧氣的供給獲得改善。八段錦還能強健雙腿和內臟，尤其是腎臟，並且激活腦部功能，使身體的能量明顯增加。這套氣功的修習既適合初學者，也適合已經熟練氣功的人。當今傳授的八段錦有林林總總的變化版，可能對你產生或多或少的吸引力。依據我的個人經驗，我建議你在決定哪一種最適合自己之前，至少先花三十天的時間，僅專注一種形式和一位老師，並且每日練習。僅憑一次試課或者觀看一段影片，根本無法判斷它是否為正宗的傳統氣功。氣功是否練得正確的評斷指標和決定性因素，就是精神、身體或元氣狀態獲得實質改善！因此應持續練功至少三十天之後，依據自身體驗進行個人評估，再決定接下來如何繼續鍛鍊。

我們的目標是在身體、心理、精神層面不斷保持平衡，這三個層面之間也應互相維持平衡。以下的方法有助於我們意識到體內的和諧，進而加以訓練。

〈少林修練〉方法五

調整內在的平衡

所謂的「雞形步」，同樣是源自少林「心意把」的一種行樁。隨著反覆不斷的練習以及理解力的增進，雞形步不僅能持續改善身體平衡，也能訓練身體在陷入重心不穩的狀態時，迅速恢復平衡。在這個過程中，覺察身體的能力也扮演重大角色。敏銳的人能夠更輕易、更早注意到身體面臨失衡的危險。

雞形步的目的，是藉著不斷調整身體，來鍛鍊並且持續發展身體與心靈兩者的平衡感。透過這種有如雞走路的移動方式，不但能加強平衡感，同時也提升對身體中心的覺察力。隨著樁步的練習愈加深入，身體逐漸培養出的能力，也會同步反映在你對心靈狀態的覺察和調整能力上，尤其是

當心靈失衡時。

這個方法主要是為了培養反應能力，使我們能夠更清楚、更迅速的覺察各層面是否平衡，並且在必要時重新調整。

在亞洲人的世界觀裡，「平衡」一詞涉及這個世界上的所有方向：前後、左右、上下、內外。如果我們的身體無法感受平衡，也無法進行調整，我們又如何曉得失去平衡的內心是什麼感覺？

第六章

意識成為信念，心態塑造人生

羅漢撐旗

歐洲少林寺

每一個人的心態都決定了成功與失敗，你的心態亦然。意識到自己的心態很重要，因爲它可以強韌有力，也可以陰沉晦暗、挾帶毀滅性。道理其實很簡單：爲自己設定的任何目標和任務，在實現過程中都與你的心態息息相關，有些心態可以助你一臂之力，有些則會成爲絆腳石，有些甚至讓你受害不淺。即便是希望透過別人獲得幸福，你的根本心態仍舊會決定你的人生走向。培養正確的心態需要時間，一旦達成，就彷彿走出黑暗的隧道，迎向光明。發現自己對身體和心靈擁有如此巨大的力量和支配能力，是一件令人振奮不已的事情。你將重新擁有幫助自己的能力，這是許多人無法做到的事。你的所作所爲都會對你產生因果關係。心態決定了你的思維，進而影響你的世界觀以及世界對你的回應。心態人人皆有，但是許多人並沒有眞正了解它。覺察自己的心態，是邁向少林之路重要的一步。

從因果中覺察自己的心態

你的心態到底如何？它在你的日常生活中扮演著什麼角色？

意識可以成為現實的信念，心態可以塑造人生。

人類是有記憶的生物，身體有記憶力，心靈也有。生活中發生的事件對我們造成影響，而後果也會在內心留下烙印。今日你對自己的認知，來自於從生命之初一直日積月累到此刻的經歷和體驗，這些經驗反映在你的心靈，塑造了你的存在，而與你的身體、心靈、情感、能量和思想產生了共鳴。每一次與外界的接觸都會產生新的資訊，所有觸及你的影響都將混合成尚未檢視、過濾的思想，變成觀點和結論，然而可能未必是你真正的想法。這其中不但包括了最早期父母、親戚、同學以及後來老師第一次對你說的話，還包括我們所接觸的廣告、社群等媒體釋放的資訊。

在生活的各個領域，在職場上、旅途中，在朋友以及熟人圈裡，我們都不斷受到感官刺激而汲取了印象。其中某些印象是經過有意識的覺察而產生，但是大多數則是在潛意識中儲存。我們的生活和存在方式，不只是有意識的行為與想法兩者之結果，更是由無數事件和經驗累積而成，無形中不斷的影響我們，而且引發因果報應。

我們是因果循環法則之下的結果。

假如你在行動、反應和決策時並未意識到自己的心態，那麼人生就只會被過去的經驗影響、塑造和操縱，陷入不斷重蹈覆轍的模式。當人生不順遂時，可曾問過自己：為什麼總是遇人不淑，愛錯男人、愛錯女人、找錯商業夥伴、總是丟了工作等等？究其原因，在於你過著無意識的生活，對於自己的心態缺乏認知。

若想換個方式改變舊路或者另闢新徑、辨識其他機會、制定解決方案，或者發掘出突破舊有模式的自我潛能，只有一種方法：

接受因果業力，學會覺察自己的心態並迎難而上。

想過自己選擇的生活，就必須不斷而果決的提醒自己這種因果關聯，進行自我約束，避免再次陷入同樣的生活模式和錯誤。

質疑自己的觀點和想法

就在現在這一刻，選擇一個心中抱持的想法，或者你最近大力推崇的某個觀點，然後問問自己：

- 這真的是你經過清晰的理性思考之後所產生的看法嗎？
- 或者你只是採納了旁人的觀點？如果是，是從什麼時候開始？這個觀點對於你和目前的生活是否意義非凡，值得繼續奉為人生圭臬？
- 它是否源自於你人生中日積月累的龐大資訊，而且在不知不覺中變成了你的態度和反應？
- 你能夠分辨出哪一個是你自己的看法，哪一個是你從旁接收而來的？

請經常對自己提出這些問題，特別是當你發覺自己非常熱情澎湃的支持某一觀點或意見時。一旦培養了有意識的心態，便有能力決定哪些觀點可以成為人生的指南。帶著自我覺察的意識活在當下，絕不是要你抹去、甚至遺忘過去的經歷和體驗！而是當固有的模式出現時，你不但有能力辨認，也能決定它們是否適合、有益於當下的現況。我們無法逃避因果業力，也無法從記憶中抹去以前的行為和累積的印象，無論是在情緒或者身體層面都不例外。但是我們可以利用這些經歷促使自己成長，而不是不斷重蹈覆轍。

以止禪和內觀來修心

若你缺乏有意識的心態，便很難、甚至不可能分辨出這些固有模式的差異，這也是我們在寺院裡選擇靜坐禪修的諸多原因之一。禪修並非只關乎寧靜、放鬆身心或者置身於另一個境界。我們想要的，是認識這個世界的本質、認識我們自己成為什麼樣的人。

在禪修時，我們不帶評價的觀察。當我們擺脫評價的束縛時，才能以心平氣和的態度看待一切，因為沒有情緒、沒有不切實際的幻想阻擋我們洞察真相。如此一來，寧靜便能深入內心，使我們氣定神閒。這種使身心達到安寧與放鬆的能力，是以下修心方式的基礎。

止禪

「止」是止息一切妄念。「止禪」能夠安定心靈，引導我們進入寂靜的精神境界，使心靈得以平靜。把專注力集中在單一的目標上，可以是你的呼吸，也可以是一幅你所凝視或者腦海中想像的畫。

內觀

內觀是洞察自我、專注於當下的禪修，是一種溫和而深入的修心技巧，目的在於觀察事物的實相，使我們越來越能覺察感知自己的人生體驗。

誠心向大家推薦這兩種禪修方法。你可以參閱許多禪修書籍，或者直接坐下來嘗試，我一直以來便是如此修習。

假如沒有興致坐下來，又或者覺得坐禪很困難，該怎麼辦？那麼，我會借助少林的練功方法，因為它把強身健體的實用功法和修心融合為一體，譬如站樁便是深入禪修的入門良方。所以，請多加運用自己的身體來修養心性。修心最美好的附加效應如下：

- 注意力提升
- 抗壓性增強
- 平穩的心境使情緒安定
- 心無旁騖而通透清澈
- 身體的自覺意識改善

・心靈變得寬闊與從容

所有人都知道，為了保持活力與健康，必須滋養並鍛鍊身體，卻忽略了我們的心靈也需要同等的關愛、重視與呵護，它也需要營養、知識、經驗和磨練。當你慢跑或上健身房之後，會感覺身體筋疲力竭、操勞、肌肉痠痛。那麼你是否也曾感受過你的心靈舒暢開闊，就像身體肌肉被伸展一樣？是否曾體驗過，你的心靈因為專注於感知或受到日常各種新鮮事物的影響而疲倦？運動之後，沙發對於身體的意義不言而喻，對心靈而言則是一個寧靜的空間。請讓你的心靈停泊在這張沙發上，關掉所有影音設備，把門關上，然後閉上雙眼，深呼吸，直到你真正進入這個空間。這裡沒有氣味、沒有觸感，完全沒有任何對你產生反應的東西，也沒有你需要或想要互動的事物。你越常這樣做，並且在這個空間停留越久，越能更深入、更透徹的覺察自己的內心。

再強調一次，你的心境、思想決定了你在這個世界的境遇，決定權在於你。如果有人未遵守交通規則，搶走了你的道路行駛優先權，或者在你眼前把麵包店裡最後一塊糕點買走，又或者你在工作上全心付出與犧牲自己，卻換來別人的忘恩負義，你是否要繼續選擇生氣發怒？你是否要讓外力操縱你的內心世界？你想讓自己繼續任由環境的擺布嗎？你想讓老闆有權左右你下班後的心情嗎？還是讓天氣影響你的情緒？簡言之：面對這些不可抗的外在環境因素，加上經年累月堆積在內心的怨氣，你是否認為只能認命接受一切，繼續過著受環境影響的生活？

試想這樣的情況：如果每天上班時，主管的心情好壞已不再重要，因為你的心靈自由自在，不受羈絆，能夠自己作主是否要在意別人的情緒；倘若感到介懷，也能決定如何應對。

鍛鍊你的心智，逐步培養出自己的心態時，便能贏回掌握自己人生的主權，使你在面對主管咆哮、伴侶情緒低落、同事搶功時，依然能夠泰然處之。此刻的你或許心想：「這些不都是人之常情嗎？」無庸置疑，它們是人生旅程的一部分，幫助你辨識正在經歷的精神與感情狀態。然而有一個問題仍舊存在：你希望自己更常處於哪一種心態？是始終懷著恐懼、對未來憂心忡忡？是陷入仇恨、貪欲或者逃避往事？還是終日悲傷、見不得別人好？或者老是找理由自圓其說？

要抱持哪一種心態度過人生，掌握在你自己手裡。

身體，是引領我們通往心靈的管道。藉著對形體、身體的探究，我們便能夠了解無形的心靈。分辨外在的事物，則需要我們的心靈和某個形體（人、動物、汽車、房屋等）的連結。你能夠看見車子，是因為你辨認出它的形狀，而且將它與所在位置的街道、後方的房屋等其他物體相互區隔。這種對事物進行區分、確立輕重緩急與優先順序的能力，在某些特定的情況下是具有意義與實用性的。但是當我們看見車子時，目光所及也僅限於車子。我們把焦點放在車子上，因此無法注意到花草、天空以及車子周遭的其他事物。這種看待事物的視角有其局限，也就是在一個整體之中將單一物體分開觀察。然而宇宙整體是無所不包的，沒有界線，不分彼此。

深入內在與外在，更有意識的覺察

培養有意識的覺察，就從認識內在和外在開始吧。當你早晨睜開雙眼時，便與自己相遇，你最先感覺到的就是自己的身體。你感受到仍然疲累的四肢、沉重的雙眼，於是你伸懶腰，舒展身體，這就是「內在」。接著是雙眼可見的事物，可能是另一人、一隻動物、窗戶、床頭櫃上的鬧鐘，或者在你周圍的任何其他東西。讓自己明白，雖然你雙眼所見皆是「外在」，但是與你的內在卻密切相關。凡是你觀察到的人事物，都可能使你產生正面、負面或不好不壞的感受。有可能身旁的人讓你心生歡喜，可是你卻因為陰雨連綿的天氣而不高興。或者相反，這個人讓你心裡不痛快，可是你很歡迎雨天的來臨，這都是你的心態使然。清澈而受到陶冶的心靈，不會因為外在的觀感而產生衝動盲目的反應，反而會**透過有意識的覺察，使你擺脫突如其來的情緒波動**。因為那只不過就是另一個人、只不過就是一個雨天罷了，是否讓它與你的生活發生牽扯，則是你的抉擇。這種具有意識的決定便是少林精神！

試想，你必須在兩家供應商之間做出選擇。不可否認，你能夠獲得的兩家業務資訊的數量和品質，將是時機成熟時讓你找到最佳方案和下決策的重要關鍵。同樣的，當你的心靈學會覺察非常細微的層面時，你就能掌握更多資訊、獲得更多洞見，也就能做出更有利的決定。再回到那位情緒不佳的主管：你可能會察覺即使他把壞心情發洩在你身上，實際上卻跟你毫無關係。或者將你的功勞據為己有的那位同事，可能是因為害怕失去工作，急需表現而出此下策。雖然你**抱持的心態無法阻止這類情況出現在生活中，卻可以使你遇事時選擇內心感受與應對方式**。況且這種與自己內心的溝通相處，能夠使你從中獲得美好的體驗，也就是當今社會以及人際關係迫切需要的「同理心」！

隨著你的心靈逐漸培養出細膩與敏銳的能力，你將分辨出你的觀點是否只是從父母或朋友那裡複製而來，還是透過具有意識的覺察而產生。不管是態度還是看法皆是如此：如果心思越細膩、覺察越仔細，你的見解也會更有深度。為了使心靈達到更深層面的細膩，歐洲少林寺採取體能鍛鍊的方式，其中一部分非常艱苦耗力，可以幫助我們感受身體，甚至深入到細胞層面。如此深度的感知與覺察，不但在進行雙人武術對打時非常受用，也是我們將身心健康掌握在自己手中的免費門票。

放下，將囚禁於痛苦中的能量重新釋放

對大多數人而言，放下兩字聽起來非常抽象，令人無法想像如何擺脫那些發生在精神、內心或者身體之內的無形之物，譬如不得不讓一個人離開時所感到的痛苦，或者對傷害我們的人產生無法遏止的憤怒。以失去人事物為例，「失去」所導致的痛苦程度和感受，對於每個人來說都是主觀的，然而痛苦的根源都相同，都來自於「失去」，而且減輕或加深痛苦的條件也如出一轍。

可能因為我們有受傷的風險，或因為受到衝擊而陷入失衡狀態，所以痛苦的內心發出訊號，讓我們知道自己正處於非常時期。想要克服痛苦，可以靜觀其變，期望導致痛苦的根源自行消失，同時磨練自己的耐性，等待傷口逐漸癒合；或者學會將痛苦視為人生經驗的一部分，坦然接受並早日消除。

蹲馬步樁，正是幫助你鍛鍊耐心與體驗其中道理的方法。當你保持馬步姿勢的時間夠久，身體便會發出壓力訊號，對於訓練有素的人而言，這些訊號不外乎是一種正面壓力。在蹲馬步樁的同時，如果你能夠調整呼吸，先接受疼痛，然後在不改變姿勢的狀態下，藉助呼吸吐納把疼痛拋諸腦後，那麼在經過一段時間的修習之後，你將認識到自己的精神力量何等強大。你與馬步樁之間的關係將會改變，與痛苦之間的糾纏也將隨之改善。不斷修習馬步樁的最大收穫，便是你將能夠改變、調整自己。不要顧慮太多，不用擔心過程，只要開始練習，自然水到渠成。

練習「放下」是非常重要的，因為有捨才有得，新的機會才有可能向你開啟。況且「放下」能夠將囚禁於精神痛苦中的能量重新釋放出來，讓人明顯感受到心智恢復清澈的思維。

佛陀曾說：「生氣就好比自己喝下毒藥，卻指望別人痛苦。」企圖改變別人或周遭環境來達到目標，往往是一件耗盡心力卻徒勞無功的事。所以不如省下這些精力、腦力和心思，投入未來的下一步計畫以及心目中的理想生活。當你懂得運用身體放下痛苦時，你的心靈也能夠跟著放下。當別人的行為不再激起你的憤怒或痛苦時，你將洞察別人行為背後的動機，產生慈悲心，進而幫助自己從困境中解脫。佛陀如此說過，達賴喇嘛也在各處重申：**憤怒、仇恨以及所有其他的負面情緒，不會因為以牙還牙而消失，唯有慈悲心才能化解。**

心靈的三種狀態

心靈可區分為三種基本狀態：

一、開放的狀態

如同一個觀察者，不帶任何意圖或評價。譬如當你以開放的心態認識自己的身體時，不做任何評價（例如太瘦、太胖），只是單純的感受它、認識它真實的本質。身體僅僅只是其中一例，開放的心靈，能夠觀察全面的事物。

如果長時間保持這種心態，將會認識到某個時刻、某個相遇、某段經歷或者某一瞬間所蘊藏的可能性。處於這種無批評、無反應的心境時，才能發覺哪些機會觸手可及，哪些又是虛幻而遙不可及，哪些需要付出努力。以開闊不拘泥的心態去觀察事物，也包括茫然不解和一無所知。因為一旦你覺得自己有所發現或了解，心思又會回到過去的經驗、願望和期待，此時你便不再處於開放的心態，而是仰賴已經在內心儲存的印象。開放的心靈，以嬰兒好奇和毫無成見的眼光看世界，見到一棵樹或天空時不指出名稱，不將情緒帶入覺察到的事物，不予置評。樹是樹，天空是天空，這種不帶偏見、充滿好奇的心態，能夠使你看見事物的本質與實相。

也因為如此，我不向學生解釋各種功法練習的目的，這樣一來，他們才能抱持開放的態度展開自己的探索之旅。只要你平日鍛鍊這種心態，遇到事情時，你便不再自動產生聯想與反應。譬如當別人擺臭臉或發怒，你不必去評判，也不要自己對號入座，覺得別人針對的就是你，而是設法釐清別人在你面前擺臉色的原因。你也可以直接詢問對方，對他友善示好，表示自己樂意幫忙。如果你以開放的心胸迎向這個世界，樂於和別人相處、廣結善緣，在經歷事情時，便能夠獨立自主的決定如何應對。開放的心靈，將會拓展你處理事情的視野和彈性空間，不再只是以前看到的一條狹長隧道。

二、勇往直前的狀態

能夠展現與扭轉你的思維。在這種心靈狀態中，你專注於選定的事物，並開始賦予它意義，進而透過表達呈現出來。我們也稱之為意圖。繼續以那位脾氣暴躁的主管為例：你可以選擇向他伸出援手，幫助他走出困境。當你有目標時，你的心靈專注而勇往直前，能夠幫助你適時運用恰當的言辭和手勢。一旦你處於真實的自我，達到一種清醒而且開放的心境，事情幾乎都會毫不費力、順理成章的進行，而你也會認識到各種可能性與潛力。勇往直前的心靈，能夠發揮自身最大的潛能，不受自我要求的限制。當上述這兩種心靈狀態相輔相成時，你將變得更從容自在，懂得如何應對人生的各種挑戰。

三、固執或盲目的狀態

區分「勇往直前」和「純粹只是想要實現」之間的差異，剛開始是困難的，因為這兩者感覺很相似。兩者皆是追求一個目標，努力排除或克服障礙，但是並不一樣。後者的「想要」，是受到自己的期望心態或者別人的期盼所驅使。每個人對於人生都各有想法、心願與欲望並且設法實現，但同時也知道家人和父母對自己的期許，因而想要符合他們心中的模樣，讓所有人和自己都能夠心滿意足。這種強烈的意願會讓人全力以赴去實現目標。然而，你如何分辨哪些是與自己、你的潛能真正契合的事物，哪些計畫是出自於固執的追求，並非自己深思熟慮後的決定？試著在你所處的情況中找出自己的真實感受。儘管為了實現目標而必須辛勞工作，你是否仍然感到輕鬆自在？如果是，你便處於勇往直前的心靈狀態，你活在當下的人生。反之，你是否覺得很吃力，感到無精打采，即使偶爾享有一些小成就，仍舊對日常生活和整體情況感到不滿？你是否覺得疲憊不堪？這些實際上可能是你目前正處於固執心態、應該重新調適自我的跡象。固執或盲目的心靈狀態，令你身心俱疲而受盡煎熬，讓你原地踏步，無法發展，而且經常對你和周遭的人造成負面影響。

學會放手，回到開放的心境，重新調整自己之後，再整裝待發、繼續前進。

覺察身體更深的層面

之前我提過，在少林傳統中，我們花很多時間、運用許多練習來深入了解身體，並且學習覺察身體的更深層面。接下來的練習，是學習傾聽身體的第一階段和第一步驟。不如今天就開始練習，而且鍥而不捨，因為少林之路永無止境。

另外，這個練習並非為了達成某個目標。不論是亞洲的武術界或是歐洲少林寺，都極少詳細解釋為什麼應該做某項練習。我們告訴學生每天感受全身兩次，利用搓捏、拉扯、按摩身體來體會。前來少林寺參加閉關靜修的學員總是會問：為什麼我得做這個練習？用處是什麼？少林寺的弟子和門徒則不問。他們信任師父，相信自己剛得到一塊拼圖，必須透過自己的體驗繼續摸索學習。這種「不明白」使他們保持開放的心靈迎接體驗，甚至可能是那些只有他們才體會得到的經歷。這種開放與接納的態度使他們的感受力更加敏銳，更有意識的感知每一吋肌膚，彷彿發現了一個從未去過的新國度。他們透過感受與觸摸，對自己的身體進行真實的了解。如果你執著於目標和效果，便無法體驗到這種深度覺察，雖然進行著相同的練習，你的思緒卻已經深陷在可能達到的成果，因而處在一種期待狀態。這種心態將使你錯失一條美妙的道路，這條路只有在專注的心靈中才能行走。當你帶著預期的心態朝向目標努力時，你的感覺和觸覺都含有另一種意圖，即便最終達成目標，也比全神貫注、心胸開放的練功者花費更長時間，而且永遠無法達到他們所體驗的深度。

當你長期做一件事或者修練功法時，絕大多數的問題也會在你沒有提問的情況下獲得解答。

❖ 自我按摩練習：認識自己的身體

在能夠獨處的地方進行這項練習最為理想，給自己五分鐘的時間。

首先將雙手對掌，用力搓揉手心至發熱。注意手指內側也必須互相接觸。當雙手明顯溫熱時，閉上眼睛，把手心覆蓋在眼皮上，感受溫暖湧入眼睛內，保持這個姿勢至少三十秒。

接著將右手拇指根部置於右鼻翼，左手拇指根部置於左鼻翼，沿著鼻翼上下滑動，往上時吸氣，往下時吐氣。重複這些步驟，配合呼吸吐納至少九次。

然後繼續沿著耳朵、耳垂觸摸，感受它們的不同。按摩耳朵，拉一拉耳垂。用拇指根部沿著眉毛由內向外輕輕滑動。

雙手呈爪狀，從前額的髮際線開始，用指甲輕輕向後刮至頸後，然後用指甲輕叩頭頂，來回按摩頭皮。

繼續以這種方式觸探全身。給予身體從頭到腳的按摩，感受手指和身體互相接觸時的反應與感覺。

每天進行這個按摩練習，無論是在床上入睡前或是早晨淋浴後，早晚各練習一次更佳。隨著每一次練習，對身體不同區域的覺察能力也越來越敏銳。一開始，臉部皮膚摸起來與手臂、腳底的皮膚感覺不同，但是統統都是皮膚的一部分，所以別對自己察覺到的差異進行評價和判定，純粹專注在感受上，這對於心靈也是一種良好的鍛鍊。一段時間之後，你將能夠辨識超過一百種的皮膚結構，感覺肌腱不同於肌肉、血管、軟骨或皮下筋膜。在觸摸到不計其數的各類皮膚構造之後，最終會發現同一部位的皮膚在不同時間的觸感也不同，而且當雙手和手指發冷、乾燥或出汗時，皮膚也會產生不同反應。

讓按摩成為你的日常生活習慣。按摩身體也有助於我們在覺察外在環境時，具有辨識更細微差異的能力。

若是無法觸摸自己的身體，可用一張椅子或桌子取而代之，然後觀察幾個月。仔細研究這個物體，每個細節會隨著反覆觀察而越來越細微極致，經過一年時間，你會發現它不再是當初的同一個物體了。這個方法同樣可以訓練心靈的覺察力。

本書介紹的所有練習及方法都有一個基本特點，就是進行時不須其他人協助，也不須任何輔助工具，包括接下來我要介紹的第六種少林修練。

〈少林修練〉方法六

疏通氣脈，開啟能量循環

疏通氣脈是一種結合協調能力、靈活性並且同時刺激穴位的實踐方法，用以啟動人體的能量循環，促進體內真氣的流通。

這個練習就是拍打「命門穴」，「命門」就是生命、活力之門。將雙手手臂放鬆，以預定的節奏扭轉身體，藉此刺激「命門穴」以及肩膀區域的兩個穴位：膽經的第二十一穴「肩井穴」以及三焦經的第十五穴「天髎穴」。中醫所謂的命門，在武術上也被理解為力量之門，與氣血的供應和循環能力密切相關，尤其是人體上半部，而且命門是鍛鍊內力的重要穴位。「命門穴」位於第二與第三腰椎之間，腎臟在這一區域融合了互補的陰陽兩極——水氣與火氣。命門穴堪稱全身氣脈的匯聚之處，是整個肌肉組織、筋腱和體內組織結構的能量樞紐中心。

按壓命門穴，並配合手臂上下擺動以及身體左右扭轉，可以達到刺激這個能量樞紐的功效，進而使體內的能量能夠自由流動，並從命門穴湧向所有身體部位。想必大家馬上就明白，體內的氣必須暢通無阻才行，這個道理好比交通運輸系統，如果某一交匯處發生堵塞，現場的駕駛者必會迅速察覺，稍後支線道路的車流開始有些停頓，接著擴散到主要幹道，最後蔓延至小型道路，導致交通全面癱瘓。

扭轉身體與擺動手臂是一種和諧而且有效率的方式，不僅帶動身體，打通氣脈至最小的經絡，也使身體充滿元氣。

想要疏通氣脈，平時必須練習拍命門，每次至少持續五分鐘不間斷，之後逐漸遞增至每次十五分鐘。伴隨著平靜的深呼吸，短時間內便可以疏通氣脈，而且明顯感受到體內的氣血開始重新運行。

七星雲手

第七章

結合武功與品德的「武德」

少林功夫融合了武功和品德，稱之爲武德。武德是少林寺教學方針的基本要素，是一千五百多年來所有少林寺弟子的必修之道，伴隨所有修行者的一生，永無止境。

品德不僅是練功者的道德基礎，每個人也都可以在日常生活中實踐，完全不受生活條件、年齡、出身、地位等因素限制。這一章我所要詳細解說的品德或美德，幾乎人人知曉，而且表現在個人行爲的程度也各有不同。武德的特殊之處，便在於可應用於日常生活之中。關於這一點，我想再次強調與重申：我們年輕時，就已經耗費非常大量的時間去學習我們認爲對日後生活有用的知識。在求學階段，我們學習算數、了解原子的組成、對化學實驗感到驚嘆；也研究歷史、學習外語、深入探討物理學。

然而從過去到現在，可曾有讓我學習了解自己的主題和科目？又有哪些教學內容能夠幫助陷入悲傷或煩惱的我？我該如何鞏固每天陪伴我度過人生風雨的力量？我是誰？我的優勢和弱點在哪裡？是什麼塑造了我身爲人的特質？我該如何學會追求自己所設定的目標？達成目標，是否也有所謂的處方籤或指南？

在我求學的過程中，這些問題一直縈繞在我的腦海。最終我在師父們指導的少林武術中發現了答案。他們傳授我武德，教導我內觀與各種修習方法，用以塑造我的品格。紀律或者意志力究竟從何而來？這兩者如何培養、如何獲得？這些品德看似抽象而無法捉摸，既無法前往商店購買，也難以透過知識取得，卻體現在我的行為舉止之中，也影響我如何看待自己的內心世界，它們是無形的，而且不易覺察。

人生的實用工具箱，無形的強大力量

在少林功夫裡，我們不僅運用身體找到通往心靈的入口，也藉由身體培養某些品格特質。培養謙遜、忠誠、勇氣等諸如此類「無形」的態度，需要藉助於具體的形式，例如每日身體的鍛鍊。

當我們開始練習覺察自己的那一刻，自我意識便隨之產生。

如果你現在想問：「自我覺知的意識對我有何益處？紀律能帶給我什麼幫助？我的人生需要它做什麼？優點是什麼？」這些問題不僅難以回答，答案也沒有意義，因為只是假設罷了。一旦培養高尚的品格，日後回顧時，你便會明白自己的人生因此產生了大幅轉變。我們應該重視所有的美德本質，如果企圖利用美德，就表示這些美德並未成為內在修養的一部分。我們應該實踐、展現美德，而非利用美德！

你是否思考過意志力或謙遜等品格素養，對你人生的意義？你曾以自己的角度定義這些美德並且深入了解嗎？你曾想過像鍛鍊肌肉一樣訓練他們嗎？

美德猶如一個實用的工具箱，能夠幫助你克服障礙，拓展更多的機會，使你在任何處境都能掌握人生。唯有你具有意識的選擇跨出這一步，才能實際操作並親自體會這些工具的適用性，同時了解它們為何對你有幫助。如果持續不斷的修習美德，假以時日美德會成為內心最深處的一部分，為我們開啟心靈力量的嶄新視界。讓美德成為你平日為人處事的準則！

少林精神的品格要求你探索自我：你是誰？你的品行操守如何？

舉例來說，如果我已經向學生解說了好幾次，他們卻仍舊無法領略，我偶爾也會感到一絲不耐，然而在當下我知道這些不耐煩與學生無關。這時候我會有意識的反思自問，這種急躁從何而來？為什麼我期待學生在示範三次之後便能開竅？這種預設心態出自什麼原因？我的師父也會不耐煩嗎？我是弟子時，是否也無法一點就通？若是如此，為何我會將這種期望投射到他人身上？越是深入探索自己，就越能意識到不耐煩是一種根植在內心的主觀感受，並非被情況觸發，所以和學生毫無關係。

於是我斷捨自己舊有的認知，重新以開放的心態面對學生，同時不斷檢視反省自己的期望心態，如此一來，我的急躁不會產生作用和後果。身為老師，有職責使用合適的教材和方法，協助學生在學習之路上走得更穩妥。在日常生活中遇到各種情況時，不妨也把矛頭針對自己的品德，反省做人處事的態度和行為操守。在接下來的幾個月中，至少每隔兩週便選擇一種品德來修習。若修習十四種品德，將有七個月的學習與培養週期。舉例來說，首先修養「自制力」兩週，並按照以下敘述的方式進行。

培養自我克制的品格

讓自我克制伴隨你兩週，好比它是你的智慧型手機一樣，與你如影隨形！有意識的利用每一種情況來訓練自制力，同時思考「具有自制力」和「缺乏自制力」對這個情況可能造成的效應和改變，並留意在一天中你實踐自制力的時機。

如果你有意識的只吃一小塊巧克力，而不是一整盒；有意識的爬樓梯，而不是選擇搭電梯；又或者採取深呼吸與保持緘默，而不是情緒激動的咆哮他人，你便已經走在自我克制的學習之路上。

為了隨時提醒自己，不妨在行事曆上標注，在鏡子上、門上、床頭櫃貼上便條紙，讓它們無所不在，並且把產生自我克制的情況記錄下來。即使你搭乘電梯或者吃掉一整盒巧克力時，也不要作出評判。但是要有意識的反思，告訴自己假如擁有自制力，能夠輕而易舉的抗拒誘惑該是多麼美好的事。

三種必備的武德修練

武德在傳統上分為三種，藉此更容易辨別出哪些是有潛力成為弟子的學員。是否具備應有的品德，是歐洲少林寺僧團用以判斷想成為弟子或新學徒的人是否合適的指標。當然，我們並非期望報名者的品德完美無瑕，但是基本上至少應該具備品德涵養。現在我想向大家介紹歐洲少林寺如何應用美德，並且也在此補充幾個合乎時代要求的例子。

❖ 內心必須修習的品德

紀律

守紀律的人即使已有放棄的念頭，仍會遵循師父的指導。他遵從少林寺提出的要求，並且完成交給他的任務。紀律至關重要，因為只有不斷反覆溫習、持之以恆的練習自己想學成的事物，有朝一日才會達到精通的程度。紀律能夠幫助你培養不可或缺的毅力，而且過了一段時間之後，想要達成目標的需求將取代紀律，成為你學習的動力。以幼兒時期學習走路為例，父母在一旁不斷鼓勵、反覆敦促，雖然我們每次跌倒就想放棄，但是自己也想要學會走路，因為出於本能知道學會走路可使生活變得更好、更容易，況且走路本來就是與生俱來的能力。因此學會走路這件事逐漸成為一種需求，再也沒有放棄的念頭。經過反覆不斷的練習，最終學會了走路。

自制

能夠自我克制的人，絕不會因為挑釁而和別人展開不必要的打鬥，對於每一項工作也是如此。在一場無法避免的打鬥中，有自制力的人不但能夠贏得勝利，也絕不會逾越正當防衛的必要限度。在工作上，這個道理意味著你應該反思自問，針對某一件事的議論或者爭吵是否值得。不論你是任職於管理階層，還是在汽車維修場、辦公室或美髮店工作，不論你是員工、同事或顧客，不妨問問自己：爭論、吵架或打鬥真的有必要嗎？能夠因此達成目的嗎？是否有助於解決問題？萬一我遭受攻擊，什麼程度的自我防衛才是正確的？我該盡力保護自己到什麼程度？

想要修習、駕馭任何武術，自制力絕不可或缺。透過自制力，你學會無論在何時何地都不該衝動行事。自我克制的能力，能防止你不由自主的陷入泥淖之中，進入自動導航的反應模式而無法自拔。

謙虛

謙虛的人絕不高估自己或低估對手，不誇耀自己的才華、頭銜和財富。謙虛的心性使他尊敬少林寺的師父和掌門人，並且臣服於等級制度。由於他做的每一件事都出自真心實意，因此對於交付給他的任務，都盡其所能的做到盡善盡美。以工作為例，當某件事情的成功來自於你超乎常人的貢獻時，謙虛便意味著將此視為團隊、家庭、朋友等全體的成就，不分誰的功勞多寡。謙虛也意味著認清自己的位置，切勿高估自己的能力，譬如尚在初學階段便自詡是已在某處教課的老師。現代人往往傾向以大師的身分自居，卻未曾接受過經年累月的訓練，也缺乏長年的自我修行。

慈悲

慈悲的人心地善良，懷有菩薩心腸，不受貪婪、以自我為中心的行為或思想驅使。他們特別富有真誠的同情心，面對別人的苦難心生憐憫。

慈悲的品格包括重視、尊敬萬物的生命。少林武僧的身體如同一件危險的武器，但是擁有一顆充滿和平與慈悲的心。

以你的工作和生活而言，慈悲意味著當你的團隊成員、家人受苦時，你能夠察覺並且向他們伸出援手，即使可能因此錯過重要的赴約時間，或者無法完成當下對你而言很重要的事情。又譬如你的公司刪減預算，你將避免以裁員這種最簡便的方式節省開支，而是尋求其他開源節流的管道，投注心力於全體人的福祉。慈悲的品德不但適用於工作領域，也適用於家庭、伴侶和友情。

我們在歐洲少林寺的經驗一再印證，學子們必須具備的這些品德素養非常薄弱，甚至有部分的品德教育完全缺乏，導致以下行為：學生們或者參加靜修的訪客才剛來少林寺不久，尚未付諸心力卻迫不及待的吹噓自己的成果，看起來自以為是。如果是想成為弟子卻抱持這種態度，基本上待不了多久就會離開；如果是以訪客心態參加靜修，我們再見到他們的機會很低。另外一些人則顯得沉穩安靜、含蓄、善於觀察，散發出一種開放、樂於接納的氣息，他們摸索、嘗試新的技巧，並勇於探索未知的領域，隨時保持學習求知的意願，在接下來的幾年，他們往往再度來訪。這種態度展現了謙虛與紀律，這樣的人擁有一定程度的自制力，不會衝動行事，動輒暴跳如雷，而是深思熟慮。這對於身在團體組織的我們而言是一項指標，表示他具備了在少林之路進一步深造的基本條件。如上所述，雖然所有的品德都必須終生不斷修習，但是這樣的人已經具有基本的品格涵養。

❖ 行為必須修習的品德

謙卑

謙卑的人能夠意識到自己犯錯並且坦承不諱，能夠指出錯誤、從錯誤中學習，受到批評時也能保持冷靜。當你有能力控制、甚至克服自己的驕傲時，謙卑之心便油然而生。個人欲望的滿足不應凌駕於其他一切之上，在少林寺，這意味著學生應把寺院的需求置於自身的需求之上。

謙卑處世的人也不高估自己的能力，而是承認自己尚有許多不足之處，還有發展與改善的空間。承認事實並且接受批評並非容易的事，因為我們的本能是保護自己，所以對批評的立即反應通常是為自己辯護。你會說：「我這個人完全沒問題，如果有人對我有意見，那就是他的問題，應該改變的是他，不是我。」特別是當我們安於現狀時，便不願意接受改變。學習接受批評的最佳方式，是找一位自己信賴的人或師父，如此一來你可以確信，他對你的批評與建言完全是為了幫助你成長，並沒有其他動機。這種真誠的批評具有建設性，而非傷害。

師父們擁有豐富的經驗，因此你可以信賴他們的知識，不必自己從頭開始去摸索一切。這也是為什麼精通武術的老師被尊稱為「師父」，亦含有一日為師，終生為父的意義。

學習方式有三種：

最簡單的方法是模仿，

最高貴的方法是思考，

而最困難的方法往往也最痛苦，是自身的經驗。

關於後者，可以反問自己：想知道燙的感覺，是否真的必須親自摸一次燒燙的爐面，還是聽從師父的忠告就足夠了？

人們往往傾向於固守熟悉的習慣，不願改觀。但是若想要學習並且不斷進步，謙卑之心是非常寶貴的助力，因為謙卑能讓你見識到這個世界上尚有許多你不知道、能力所不及的事，進而拓寬你的視野。

尊敬

充滿尊敬之心的人，會以「重視」的態度對待所有人、生物及事物，對自己也是如此。在歐洲少林寺，若有人對老師和僧團長老不敬，便不會獲得武術的傳授與指導。

德語「重視」一詞也可以是呼喊詞或標語，用以呼籲大家保持警覺，或者試圖喚起這種效果。在軍事上，德語「重視」一詞則是一個喊話指令，表示「注意！」，也就是你必須全神貫注於當下以及與你共事的人。包括少林寺在內的任何團體生活都需要規則和禮儀，而且這些規則和禮儀也必須被重視和遵守。在每個職場、家庭和人際關係中，互相尊重敬愛是人與人相處的基本道理，也有益於每個職場、家庭和人際關係的和諧。因為如果你尊敬某人，就不會向對方進行人身攻擊，也不會採取肢體攻擊。

正直

正直之人的座右銘其實簡單扼要，就是做正當的事，捨棄不該做的事。聽起來很容易，實際上卻可能是一種自我挑戰。有可能是在陷入嚴重的個人財務危機時，卻在街上撿到裝滿鈔票的錢包。或者明知大規模工業化飼養的動物在惡劣環境中受盡痛苦，但是因為不願放棄吃肉，所以仍舊購買超市裡的廉價肉品。對此，文化和社會標準不是重點，關鍵在於你面對萬物眾生時，內心產生的正義感以及強烈的責任感。責任的原始意義是「對自己的行為負責」。「正直」也涉及思想層面，只要你還有「我無法忍受他、我願他失敗，我希望他輸」等想法，正直就尚未在你的內心生根。

信任

首先要從自己開始，培養一種能夠讓別人無條件信任的品格。信任是每一個真誠友誼的基礎，也是少林寺團體生活的根基。學生們應該信任老師、師父以及寺院的領導階層，而寺院的領導者和師父也必須能夠信任學生。在你就職的企業機構裡，你和主管之間必須能夠互相信賴；在家庭裡，父母和子女也應該彼此信任。真誠信任別人時，內心能夠感受到深度的寧靜，獲得信任的人則產生強烈的責任感，用心維護這份信任，不濫用辜負他人的信任。

忠誠

忠誠的人明白，一旦忠誠的品格有裂痕，便再也無法完全修補。忠誠是信任的基石，也是職場或私人生活中任何一種關係的基礎。在少林寺的僧團裡也不例外，我們將忠誠視為最重要的德行。

在人與人、人與萬物的關係裡，忠誠包含了誠實、可靠、真誠、堅定、專一和團結。對於身為少林寺成員的我們而言，忠誠就是無條件奉行少林寺的價值觀以及武德。這種共同的倫理道德準則，是一種透過理性衍生而出的內在凝聚力，表現在與團體相處時的行為上。

❖ 精神必須修習的品德

意志

意志堅強的人，會鍥而不捨走著自己的人生之路。透過武術促使學生培養堅定的意志，是少林寺的一項重要宗旨，也是不可或缺的過程，習武者才不會失去方向和自己的目標，並且全心全意的研習武術。一旦離開了舒適圈，就需要堅持不懈的意志力，敦促自己繼續前進、繼續訓練。

鋼鐵般的意志能夠讓你達成目標，贏得勝利。它使你看清方向、知道如何邁向目標，賦予你勇往直前的力量與恆心。擁有鋼鐵般的意志是個人優勢，但是不可因此損害少林寺其他成員或者少林寺本身的權益，也不該用來傷害別人。

忍耐

能夠忍耐的人，會持續不斷的練習和自我磨練。對於在少林寺修習武術的我們而言，這代表著每日六至八小時的鍛鍊。對於各位讀者而言，則是在最初階段每日進行五分鐘的自我按摩，以及五至十分鐘的站樁練習，身體磨練出的耐力不久便會彰顯於心靈層面。

反省、調整並改善自己的行為操守時，應注意耐力也是不可或缺的品德，因為除了「紀律」能夠阻止你吃掉整盒巧克力之外，還有「忍耐」能夠抗拒口腹之欲，直到這種欲望消失為止。

想要提升武術技巧或者希望凡事獲得進展，具備耐力是一項必要條件，因此少林寺成員永遠不會停止磨練自己的耐力。

毅力

有毅力的人朝著自己的目標果敢邁進，即使處於逆境或者有必要繞道而行，也不會因此迷失方向。他們持續邁步向前、從不退縮，除了從錯誤中記取教訓之外，也反覆審察自己所學的知識。假如你是企業的高階主管，應該不斷檢討自己是否犯錯，反省自己的能力是否依舊足夠，是否需要進修深造、學習新知。這一點適用於每份工作和每個職級階位。隨著堅持不懈的努力，內心也會渴望激發出自己更好的一面，儘管偶爾對一件事情興致缺缺，也仍舊堅持去做，因此能夠維持日常生活的規律。

有毅力的少林武術學子，不論花費多久的時間，永遠不會對於「改善自己」感到疲倦。在心理層面上，毅力也代表對信念的堅持。

耐心

有耐心的人具有堅定的信心，即使還未領悟自己所做之事的意義，或者覺得自己的目標似乎遙不可及，也仍然鍥而不捨的繼續進行。耐心賦予你堅持讓自己保持進步的能力，而且不在乎進度有多慢。只要有耐心，儘管每個人需要的時間可能不同，但是任何人都可以成為數學家或物理學家。耐心能夠幫助你堅持到底，直到達到真正精通的境界，同時也讓你放慢腳步，不會因為急於追求成效而過度消耗自己，導致事倍功半。耐心是學生在正確的學習之路上最重要的品德之一，也是老師引導學生、用心傳授知識時不可缺少的素養。

勇敢

勇敢的人知道單單修習武術是不夠的，他更需要的是臨危不懼的勇氣，才能在困難的處境中明智行事。勇敢的行為有一項特質，就是不但無法預料結果，還有可能產生負面後果，不論在搏鬥中或是下決策時皆是如此。少林寺的學子時時刻刻都在鍛鍊自己的勇氣。

勿將此勇氣與逞血氣的匹夫之勇混為一談。後者出自於失控的情緒、愚蠢或恐懼，勇敢並不代表無所畏懼，反而是克服心中的恐懼。

本章所提到的每一個品德，都以適中為原則，不能過猶不及。所以勇敢的品德，實則是「畏首畏尾」和「衝動魯莽」兩種極端之間的中庸之道。品德猶如工具箱，使你在人生中變得堅強。如果你能夠實踐少林精神的品德，你的生活以及整個人將變得更平靜安穩，獲得改善。

為什麼會變得更好呢？因為每個人的人生都需要指引，使自身的為人處事與思想有依循的準則，這也涉及了規範與自由之間的相互作用。倘若你培養這些品德並且奉為人生圭臬，你便可以給自己的行為、情緒和思維足夠的空間，心靈也能夠自由馳騁，因為你的心性具有穩固的基礎。

只要你尊重萬物眾生，以耐心和忠誠相待，秉持著勇敢和毅力伸出援手，抱著容忍之心陪伴，增強他們勇往直前的意志力，那麼在每一晚入睡時，你可以確信自己正直的過了一天而心安理得。正是這一切使你的生活更美好，而且因為你無私的付出，對方也將禮尚往來的回報你。

無論是在寺廟生活、在職場、在大企業的管理階層，還是與親朋好友相處時，這些品德應當成為你為人處事的準則。

只有當你將這些品德實踐於生活之中，才能夠發揮少林精神。因為這些品德使你和宇宙、人生之路達到相互和諧的境界，雖然整體而言不會使生活變得容易，卻讓你更堅強壯大。人生中遭遇的問題、困難和重大挑戰，無人可以倖免。不論我們是否願意，逆境都會迎面而來，即使選擇漠視和逃避，也無法抹滅，不如就接受吧；即使令你傷心，也寧可接受痛苦，不做無謂的抗爭。這些品德能夠幫助你找出克服困難的方法。不管處境多麼艱難，都要藉助毅力、勇敢、忍耐找出解決問題的辦法。沒有人是完美的，當我遭逢逆境、感覺自己不夠好時，至少知道該如何應對，而且我告訴自己，這又是一個讓我成長的機會。或許你此刻會質疑：成長有什麼好處？我為什麼必須接受磨練？答案是：因為與這種成長相反的，正是內心的凋零、封閉與消亡。當你能夠和自己達到和諧一致的境界，你的心靈將處於一種持久的入定狀態。並非只有打坐才能入定，整理花園、烹調食物和工作時，只要心神專注於當下，都可以入定。

入定不是一個需要達到的目的，而是一種境界。

我們寺院的每一堂修練課程皆以問候開始。將雙手合十於胸前，精神集中於心輪，喚起我們與眾生萬物相互連結依存的記憶，其中也包括冥界（譬如祖先）。經過多年的修練之後，這個開場的手勢會將我們的意識帶進當下、此時此刻。在這種深層的連結中，我們所獲得的可能性和洞見，超越了純粹的肌力和耐力。這是隱藏在任何一種形態的無形修行，是強健體魄的少林精神。如果你具有強大的心靈，強大的神靈也會到你身旁。每個人都能夠引動內心未知的能力，只是必須透過合適的方法及按部就班的修練，才能發揮這些往往深藏不露的力量。每一條路，都是從跨出第一步開始走出來的。就從修習品德開始吧，實踐它並且自我反省！當你具備了一個良好的品德時，再專注於培養下一個品德。一年之內，你將經歷非常深刻的心靈覺醒，這些品德自然而然成為你的修養。分享這本書和這些方法是我內心最深切的願望，因為：

假如有更多人在生活中奉行這些美德，世界將減少許多痛苦。養成這些美德並且有意識的實踐，便是為減輕痛苦貢獻一己之力。

以下的方法，有助於大家了解伸展全身的重要性。伸展攸關著體內「氣」的供給，因此直接關係到身體、心靈的健康機能。

〈少林修練〉方法七

啟動身體恢復力

我在方法六說明疏通手臂的氣脈時，大家應該已經了解到正確、有系統性的敞開和伸展身體所帶來的效果。許多人在這一類練習的初期，會感受到明顯而且非常不舒適的疼痛。然而這種現象僅是表示：首先，你已經跨進一個之前未知的領域；其次，你開始察覺到自己的身體產生確切的轉變。為了使身體有足夠的空間適應這種變化，我們必須學會敞開身體，這也是在少林武術傳統中進行任何拉筋伸展練習的重點。

能夠把氣引入體內、促進轉化和改變的現有方法之一，便是伸展身體。無意識產生的緊繃部位，也將得以舒展。

請回想我在上一章以交通運輸系統為比喻的例子，便能理解為什麼伸展全身有助於保持血管彈性以及氣血的流通。伸展運動的功效十分顯著，不僅肌肉和筋膜，還有神經線和血管都將重新獲得更佳的能量和血液供給，而且血管富有彈性，也能減少和清除沉積物。

只有確保體內獲得充分的真氣，才能夠使身體發揮機能、器官正常運作。因此我們可以藉由練功養氣來滋補器官。體內的氣若未經調節，過多燥熱上升至頭部，可能導致情緒暴躁、火氣旺盛，進而引發其他不適。

想要使體內真氣回歸到正常的軌道上，學會調整思維和意圖；同時掃除全身經絡中的沉積物以及下意識的緊繃狀態，就成為當務之急。經由這種伸展身體的方式，體內真氣便可重新順暢的流動，進而啟動身體的恢復程序，換句話說，身體與心靈將自然而然達到和諧狀態。

少林傳統武術中的八段錦堪稱珍貴的遺產，是一種能夠疏通經絡的伸展運動。八段錦包括八個肢體動作，結合了有意識的呼吸調息與身體的伸展。掃描下方QRcode，可以看到由我示範八段錦的影片。這也是我數十年來平日傳授給學生的內容。利用二十分鐘練習，便能犒賞自己和身體，還能充實你的每一天，改變你的生活。

猛虎抱頭

第八章

兩大障礙：知而不行與半途而廢

以下情況，在你的人生中反覆發生過多少次？你訂立了學習目標，想要學習新語言、繪畫、新的運動項目等，而且很開心能夠重新把時間用來投資自己。我們很喜歡在年終時立下這類決心和計畫，認爲新的一年就應該充滿新的目標——然而對於受限在舊有模式和觀念框架中的我們而言，這些新年新希望眞的可行嗎？

通常過不了多久我們就會發現，實現心願需要花費的時間遠遠超過預期。我們可能感覺這些目標將會犧牲寶貴的週末時光，又或者總是臨時有事耽擱進度。譬如報名參加課程，卻臨時收到朋友的熱情邀約，所以選擇缺課一次；之後因爲沒有時間或缺乏興趣複習，也未在家裡練習，導致下次上課時跟不上；第三次又剛好碰到公車停駛，第四次上課時意識到自己落後太多，最後乾脆完全放棄這個課程。

在這種情況下，你的理智會順水推舟的將「時機不對」這個邏輯合理化：因爲光是工作和日常生活已經耗費太多心力，所以現在就是做不到。於是你自圓其說的安慰自己改天再做，事情一拖再拖，最後被推遲到不知何時的未來。這便是你的舊有模式，它阻礙你在當下進行改變，讓你根本跨不出第一步，更遑論走到終點。

武術不以理論知識的多寡，而是以學成的技能和具備的實力來衡量。

還記得我之前提到的意志力、紀律、忍耐等武德嗎？還有能夠幫助你坦然認錯的謙卑之心——譬如承認不曾試著控制自己便屈服於衝動？

前來我們寺院參加武術訓練的學生及平日或週末靜修的訪客，總是一再問我：「我現在該如何把學到的東西運用在日常生活裡？我哪來這麼多時間？師父，你和我不同，你根本沒有其他事要做。」平日找時間練習，對於生活壓力沉重的商業界人士來說確實是一個問題。他們的工作分秒必爭，爲了紓解壓力，必須利用所剩無幾的時間休息。說出令他們心服口服的答案特別困難，因爲他們多年來一直抱著「能做的我都做了！」的心態。儘管我的答案聽起來很不通情達理，卻永遠不變：「那麼你的人生對你來說可能不夠重要，所以你總是優先考慮其他事情。」

有一個大家耳熟能詳、甚至也深有同感的觀點，就是當我們的健康岌岌可危時，金錢、財產以及身邊的一切，頓時失去意義，變得毫無價值。這個道理，所有人心知肚明，偏偏卻無法在生活中知行合一，所以無法實際改變自己的行爲和生活模式。然而當我們眞正意識到人生有限時，譬如經歷一場疾病，那一刻的體悟是極爲寶貴的。這一類的經歷，雖然就像踢到小腿骨般疼痛難忍，其實卻是暗示我們必須稍停片刻，捫心自問人生最重要的是什麼。

你認爲人生最有意義的是什麼？

不必遭受命運的打擊或者疾病的摧殘，也能深入思考這個問題。

就在此刻，花一點時間，誠實的問自己：

在我的人生裡，什麼才是眞正重要的事物？

我想在這一生做什麼事？我希望如何利用有生之年？

熱愛你所做的事

能夠協助你以不同角度看待生活的第一項建議，是我年輕時經常聽到的一句話：

「熱愛你所做的事，倘若你還未愛上，就開始學會去愛。」

不管是在修習武術時，還是在我身為武者的生活裡，理所當然面臨過許多誘惑，也有很多時刻難以專注於一個方向而不迷失。將某件事情融合成生活的一部分很辛苦，尤其是當它違背心願時。然而我在大學時期便已經發覺，只要把自己視為世界和宇宙的一部分、一個小元素，度過這段修課與學習的時光其實輕而易舉。因此我從不區分自己投入的事情屬於專業工作還是私人休閒活動，抱著同樣的熱情去做每一件事。生命贈予我身體和心靈，這是一件很幸福的事，讓我有機會了解存在的意義。

生命贈予我們的禮物，便是讓我們領悟自己是人生的設計師，而不是受害者。你可以認為自己是孤單而且微不足道的存在，甘心接受生命走到盡頭時將灰飛煙滅，不會留下任何有關你的思維和記憶，世界上不再有你的痕跡。或者你可以將自己視為和世界完美共生共存的一分子，明白自己的思想和言行確實會流傳後世，這種影響便是你傳播給世界的精神。

我自始自終致力於武術和寺院修行生活的主要原因之一，是我感受到我的身心獲得陶冶和啟迪，因而希望與世人分享身體與心靈如沐春風的體驗。再者，探討課題、研究學說信條、進行技能鍛鍊與練功，都使我樂在其中，也願意以這種方式生活。

有些人在歐洲少林寺生活多年，明明每日都有機會修習武術，卻遲遲不開始。你是否計算過自己每天花費在社群媒體、串流平臺、滑手機或看電視的時間？根據不同國家統計，每天至少三小時，通常是四小時，甚至經常高達六小時！以僅僅三小時為例，累計下來已達一週二十一小時，一個月則超過了八十小時。

重新找回時間的第一步，就是斷、捨、離，不要讓自己屈服於「我會錯過很多東西」、「我需要放鬆」等諸如此類的感覺。一開始你或許覺得這是牽制和約束，但是久而久之你可能會發現，實際上你不僅爭取到時間，也未失去所需要的自由，因此能夠進行對你而言真正重要的事情，生活也變得更有意義。

約束，創造真正的自由不拘

我一直堅信，家庭教育對於成長中的孩子未來如何在世上立足、應對日常生活挑戰，具有極為深遠的影響。這也涉及到處理「界線」和「限制」的能力——不管是別人或外在環境所施加的規範，還是個人的自我約束。

沒有限制，便無法成長。接受限制，甚至為自己訂立規則，在當今社會是較不受歡迎的話題，因為在現代生活中，所謂的個人自由具有無比崇高的價值和地位。但是個人自由指的究竟是什麼？意義何在？自由是否意味著任何時候都可以隨心所欲的行事，而且想到什麼就做什麼？這種自由是否以自我為中心，對待別人罔顧義務和責任，一心追逐著自己的需求？甚至是受到心血來潮的念頭所驅使？在現代社會裡，人們額外感受到許多需求，然而這些需求往往不是真實的，而是來自廣告的誘惑。好比有些人渴望擁有「理想身材」而開始節食，最終卻以失敗收場，因為他們覺得這個過程太辛苦了，即使堅持下去，也會很快回到自己的舊舒適圈。也有些人想要學習新事物，但是只有三分鐘熱度便又放棄了，因為總是被想看電視、使用社群媒體或者躺在沙發上放鬆的需求干擾而分心。這樣真的是自由自在嗎？

這種對自由的理解，不僅對社會和團體生活沒有長遠的助益，也不符合我們在寺院以及少林教學中所堅持的價值觀。我們對自由的理解是以品德為指導方針。

當我們感受到「好想窩在沙發上」或者「現在吃一點巧克力」這類突發的渴望時，可以決定是否將念想付諸行動，或者選擇現在不做、稍後再做，又或者根本放棄不做，那麼我們便自由了。

我們的少林寺弟子在訓練期間，既無法使用全球資訊網，也無法使用智慧型手機。他們也無法自行選擇用餐、習武或起床的時間。在少林寺的生活，經過非常完整的規畫，弟子們完全遵循著一套嚴謹的規範、固定的作息時間、時刻表和習武內容。正是因為有這些限制，他們學會覺察內心突發的念想，卻不會放任自己去追求。我們替弟子決定了這些生活規律，因此他們一開始便很容易專注。

以二十一世紀而言，服從於一種具有嚴格作息、不允許私自安排日常活動的生活形態和組織結構，是相當不尋常的事。寺院生活，尤其是在少林傳統中，仍舊保存著一種非常顯著而且定義明確的階級體系，不僅以具體的方式運作，而且深植於門規和戒律之中。在少林寺師父的諄諄教誨中，我個人最喜歡的訓誡金句就是：「我們這裡不是許願池！」寺院的目標並非滿足大眾的私人願望，也不是在大自然裡打造世外桃源或者一處幽靜恬適的地方，讓有些只想遠離現代世界的人，在此尋求與世隔絕的另一種生活方式。這無疑是逃避人生，與僧團、少林的核心思想背道而馳。

我們所看到、體驗到的世界，是內心的反射。我們應該去學習、自我成長並且獲得技能，那麼面臨所有外在環境因素的挑戰時，這些能力將使我們更得心應手，鎮定而勇敢的繼續朝自己的目標邁進。

為了歸類與定位我們的生活方式，了解規範存在的原因以及它所提供的幫助非常重要。以歐洲少林寺為例，學員有義務恪守僧團戒律、紀律以及嚴格的日常作息時間，為期一年，這些學員在一年之後可被納為弟子。除此之外還有資深門徒，以及最終想要拋棄塵世成為出家人的修士。對於學員和弟子來說，臣服於僧團戒律意味著遵守起床、用餐、武術訓練和體力勞動的時間規定、接受批評、服從指示並且在待人處事上體現品德修養，對待同伴和師父亦是如此。因此「服從決定」也是先決條件，即使違背自己的意願。雖然這可能令人匪夷所思，卻為他們開啟了廣闊的自由空間。在這一年期間，我們接管了日常生活中的所有選擇權，為的就是讓他們能夠心無旁騖的專注於武術訓練和自身的成長，全神貫注於想學習的事物以及當初來到少林寺的目的。

在此我想重申自由的概念：在面臨無法避免、有時不公平或艱難的處境時，絕不會因此失去自我，也不會產生心靈受到桎梏的感覺，這就是人們需要去學習和發展的自由。少林寺為此提供了良好的基礎。同樣的，你也可以從生活中學習和運用這種形式的自由。

約束，卻能創造自由。

如何找到自己的道路

若想走自己的路並且實現目標，就必須培養更細膩的感知能力，覺察內心對外在環境產生的反應。這個過程可以幫助你認清自己的藉口，進而在下一步擺脫它，然後重新以遵守紀律的態度往目標前進，即使你走的路如同少林之路一般艱難。

優秀的音樂家對自己的樂器瞭若指掌，書法家對自己筆中的每一根毛及手腕在揮毫間每一公釐的律動都清清楚楚。同理，你也應該如此仔細的認識自己的身體、心態和思維。對自己的專注覺察，將幫助你走完自己的道路並完成體驗。請思考一下自己的未來：你希望成為什麼樣的人？現在就問自己，變成一個窩在沙發上追劇、熟悉無數影集的懶骨頭，是否讓你感到人生更充實？還是你比較希望自己成為一個精神世界富足的人？

那麼，該如何找到你有能力並願意前往的人生之路呢？在你決定朝某個方向邁進之前，必須對自己目前的處境和生活狀態有非常清楚的認知。

第一步，仔細反思自己和周遭環境：

・你目前正處於哪個人生階段？
・你的個人狀態如何？
・你有哪些能力？
・你所處的環境如何？

進行精確的觀察，汲取一切有關你自己和周遭環境的印象。你將看到有些人生活順遂，有些人可能意志消沉，也有些人動輒發怒，還有一些人整天愁眉淚眼。問問自己希望將來是怎麼樣的人。舉例來說，如果你看到一個人不但生活如意，而且充滿正能量，就值得你深入觀察和思考為什麼他能夠成為這樣的人，是以什麼方法做到的。透過這樣的觀察，你可能找到重新調整人生的第一個線索，便可以重整行囊，一步一步踏上這條路。

去尋找、發現那些已經實現你的夢想生活的人。

這有一點像數學：你要尋找的是最小公倍數。或許你首先將遇見一名畫家、賽車手、教師、清道夫或者特技表演者，而且這些人都流露出對生活的滿足。他們也曾經邁步走上自己的人生旅程，甚至可能經歷過完全不同的職業生涯，但是都無法填滿內心的空虛。然而現在他們都能夠認同自己的工作而且樂在其中，所以他們不再尋找方向，也不再需要和別人比較，懷疑下一個工作是否會更好或者帶來更多成就感。

現在就開始跨出你的第一步！**如果你覺得難以說出自己的專長和志願，不妨就從意識到自己不想再扮演的人生角色，或者自己不願意做的事情開始吧！**嘗試新事物的感覺有如一場冒險，讓你頓時清醒並拓展視野，使你獲得新的真知灼見，邁向之前從未走過或者半途而廢的道路。只有深入而誠實的檢視日常生活大小事，才能看清生命中對自己真正重要的事物。有可能你還會從中發現特別奧妙之處，也就是萬物的本質，這是許多人無法察覺的，他們眼中的日常生活只是平淡無奇、千篇一律。想要學習一項運動的人，不妨去體育學校觀察學生們的行為以及和老師的互動。老師們具備的技能，是否符合你想學習的運動項目？他們願意分享這些知識嗎？如果願意，他們是否教導有方，善於引導學生？若是如此，那麼就報名參加吧。假如這個課程不適合，再繼續尋找。

你之所以發現了本書，是因為你正在探索自己的道路，需要有人指點你以全新的方式向前走。或許你現在已經開始每天修習少林傳統的品德，那麼請記得，修身養性並非只是閱讀有關美德的文章並思考、理解。品德必須經過淬鍊，如同身體的肌肉被鍛鍊一般，才能變得越加結實強壯而且顯而易見。知識在理論上是可以學習和研究的，但是絕對無法變成實際的技能。技能，只有透過自身的經驗認清並突破那些讓你原地踏步的自我設限和想法時，才能獲得。因此請讓自己每天都意識到品德修養，不管在工作中還是與家人朋友相處時，這就是獲取知識的第一步。然後繼續在你的道路上邁進，讓高尚的品德日復一日薰陶你的心性，當你憑著堅定的意志與毅力接受磨練，品德將逐漸成為你待人處事的左右手。在這個過程中，不要輕言放棄，而是不斷檢視自己與開拓視野。

如果你開始進行一件事情，卻始終感覺還有別的選擇，就表示你沒有百分之百的決心踏上眼前這條路。因此立下承諾是很重要的，務必給自己一個承諾，而且只給自己，無關其他人或某個組織團體：請在此刻為自己設立一個具體的目標，並在腦海中勾勒出自己的能力以及發展的可能性。摒棄你慣有的行為模式，莫再等待所謂的正確時機，因為你的時機就是現在。現在就是你擔起責任、付諸行動的時刻。開始規畫你的人生之路，創造生命價值。

擁有成長的勇氣，即刻改變

還有一個讓我們停滯不前的阻礙，就是缺乏改變的意願。然而不改變就意味著不會成長。我遇過許多人質疑自己為什麼要成長，畢竟在生命的終點，一切將化為烏有。或許你也曾經提出這個質疑，缺乏改變的動力往往便歸咎於這個想法。確實，終有一日，我們不得不割捨世間許多事物，無論如何必須拋下一切有形的物質。然而有一些無形的東西，例如在我們內心累積儲存的印象，或者我們在他人心中所觸發的情感與影響，都是傳遞至未來、永續不斷的能量。雖然我們的身體和心靈無法永久保存，但是內心狀態，也就是我們的精神，卻能夠永遠流傳於後世。培養少林精神，意味著在生活方式中傳遞一種強大的能量，而這種能量也將繼續幫助世世代代的人類。

如果你告訴自己「我想學習如何和少林武者一樣思考和行動」，便不能給自己選擇的餘地。當不再給予自己選擇的空間時，便能專注在已經決定去做的事情。請做自己的主人！

每一個品德對性格發展都很重要。在發展的過程中，也會有讓人感到尷尬的時刻，因為自己的習慣彷彿被陳列在放大鏡之下顯露無遺，讓你意識到是該改變某些習慣的時候了。但是發自內心「我根本不想改變」的聲音卻立刻出現，於是你就此屈服，再次原地踏步。大家肯定都有類似經驗：我想吃巧克力時就非吃到不可、我就是想要繼續喝酒、覺得讓同事知道我比團隊其他人更有貢獻很重要……。只要這些聲音一直存在，你的內心就會認為你有選擇空間，如此一來，你便繼續安於現狀。

找回繼續前進的信心和力量，也能使你免於受苦。實際上，每當你吃掉一整盒巧克力後，身體容易產生不適。當你在職場上得不到希望的認可時，鬱悶會逐漸啃食你。又或者你參加聚餐派對之後，隔天早晨帶著宿醉醒來，即便明明知道酗酒傷身，卻仍舊繼續飲酒狂歡。如果你依然故我，在人生的道路上無視所有警告標誌和停止信號，便可能招致嚴重的健康問題或心理疾病，例如過勞、憂鬱症，甚至心肌梗塞。

如果不改變，你的痛苦將會持續不斷，而且日益加劇。當發現一條適合自己卻很艱難的路時，不妨試著仿效已經走過這條路的人，你將從這種經驗中獲得驚喜。

讓我舉個例子說明如何在少林之路上改變行為模式。首先我們傾聽自己的內心，誠實的去感受改變對我們造成的影響。例如你平時喜歡晚起，但是從現在開始保持早上七點起床，那麼過一段時間之後，你會發現早起能夠順應身體的生理時鐘，即使仍然想要睡到自然醒，也會意識到早起讓你精神變得更好。

當我舉這個例子時，經常聽到的反應是：「沒錯，可是我是夜貓子，我習慣熬夜工作而且喜歡晚起。」會如此說的人，可能只嘗試過早起幾天而已。想要擺脫習慣，往往需要好幾個月，可是一旦拋棄了習慣，迎接而來的便是嶄新而美好的事物，例如一個純淨的清晨所散發的魔力。所有到歐洲少林寺的人都學會了早起，至今還不曾有人因此而離開。幾個星期之後，絕大多數人甚至已經忘了早起曾經很困難。人類天生就適合活動，而且是一整天之久。自認為是夜貓子的人因為體力旺盛而不上床睡覺，所以消磨時間直到疲倦不堪為止。他們大多遠遠超過午夜時間之後才就寢，但是仍舊心神不寧，經常在深夜醒來，也難怪不願在早晨六、七點時起床。

【個人見證】

史黛菲，五十六歲，經理

在我練習了八年陰陽流空手道之後，二〇二一年九月首次來到位於奧特貝格的少林寺，參加針對初學者舉辦的功夫靜修營。星期一中午開始訓練，持續到晚上六點，晚餐後繼續。雖然訓練要求很高，但是我也熬過去了，而且我確信自己能順利度過這一週。第二天訓練時，我的身體已達到負荷極限。

晚上我四肢著地的爬進淋浴間，又匍匐爬行到床上，腦海中最後的念頭和斬釘截鐵的決定就是：明天我就要離開這裡。當我早晨六點醒來時，感覺到前所未有的放鬆，因爲我睡得很熟，沒有夢境，也沒有斷斷續續的醒來，而且意識到我的腦袋在當下竟如此清空無念，已經很久很久沒有這種感受了。

沒有對酗酒好友的擔憂，沒有對家中病貓的掛念，不再因爲新冠肺炎的全球疫情和經濟影響感到害怕，一切雜念都消失了。只有空靈和寂靜，只有當下這一刻。我留下來了，並且成爲靜修營常客。

如果你經歷了剛開始非常痛苦不適的過程，卻又在當中感受到身心靈的療癒，便證明你已走在正確的路上。如果想走得更遠，就別追求快速的成果，而是享受當下所做的事情，樂在其中，不要想著明天或可能的最終結果。改變需要時間，才能建立安穩牢靠的基礎。回想一下德國橡樹的例子，它並非在一夕之間成長茁壯，因此它的木頭強健穩固，散發頂天立地的氣勢。在人生路上也是如此，一步一步慢慢的持續前進，克制內心的誘惑，以堅忍和毅力砥礪自己並發揮所長。別企圖同時駕馭所有的品德，敞開心胸，拋下看法和成見。每當你能夠完全清醒的面對處境時，就關掉自己的自動駕駛模式，有意識的決定想做的事情並選擇在當下如何行動。

堅定的毅力，幫助你做事不操之過急，不急於求成。耐性與忍耐使你不妄想一蹴可幾的成功，謙卑使你懂得欣賞別人小小的成就，並牢記在心。

現在就讓我們開始進行第二個站樁練習，享受從中培養自制、毅力和意志力的過程，進而深入實踐這些品德。

❖ 第二個站樁練習：馬步樁

找一個安靜的地方，讓自己在接下來的十至十五分鐘內能夠獨處而不被打擾。首先以自然的姿勢站立，專注於呼吸，用意念感受呼吸吐納在體內流連的過程，讓自己進入練習的狀態。

雙腳併攏，開始蹲馬步樁

- 膝蓋微屈，把重心放在腳跟。接著打開雙腳呈V字型：V。
- 現在把重心移至腳掌（使腳跟的壓力得以釋放），腳跟轉向外側呈內八字，膝蓋微微向內，雙腳距離大約與肩同寬：/\。
- 再次把重心放在腳跟，接著將腳掌再次轉向外側：\/。

・在第四個也是最後一個動作中，將腳跟轉向外側，使雙腳成平行線：||。

牢記下列符號順序：\/↓/\↓\/↓||。

調整腿部姿勢

・雙腳之間的正確距離，約為肩膀的兩倍寬度，勿再移動！

・開始慢慢屈膝，把身體重心繼續移向雙腳，並注意以下細節。

・繼續屈膝下蹲，直到膝蓋與腳趾齊平，也就是膝蓋不超過腳趾尖。

・膝蓋正對前方，避免朝向兩側。此時可感受到大腿內側肌肉被啟動。

糾正身體姿勢

・上半身不要向前傾。

・往下蹲時，確保臀部不往後翹，並特意減輕下背部與腰椎的肌肉負擔，尾椎微微往前移動，對準地心。

・盡可能挺直上半身。如同之前的站樁練習，下巴微微往胸前收，輕輕抬起頭頂，彷彿「被一根線拉起」。

手臂與雙手的位置

・雙臂舉至胸前，雙手的掌心中央向胸骨對齊。

・所有手指（尤其是大拇指）微微分開，雙手中指互相對齊，兩指距離約一公分。

・手掌與胸部之間的距離，大約一個手掌的長度。

・現在刻意的放鬆手肘，讓它們輕輕「垂下」，呈彎曲狀態。

・放鬆肩膀，釋放體內所有不必要的緊繃，以維持上述姿勢。

練習開始

- 將計時器設定為兩分鐘，然後開始計時。
- 調整呼吸吐納，保持平靜。
- 當身體依照上述指示就定位之後，勿再移動。
- 利用想像力，讓手肘變得沉重（但不改變手臂的位置）。
- 請注意，站馬步的時間越長，體內的緊繃感會逐漸增加。
- 強迫自己**不要**站起來！
- 反之，在每次吐氣時運用想像力，讓四肢的「沉重感」繼續朝雙腳下墜。
- 如同第一個站樁練習，集中意念於掃描身體，但是順序相反，如下：

——腳底、腳趾、腳踝

——小腿、膝蓋、大腿

——臀部、髖部、腹部、胸部

——上臂、前臂、手腕、雙手、手指

——肩膀、頸部、脖子

——嘴巴、上下顎、額頭、顱頂、頭部

- 在上述每一個部位停留片刻，利用呼吸吐納來釋放當中的緊繃狀態，並運用想像力把這種緊繃下沉至地面。

重複所有步驟，直到計時器設定的時間結束。在馬步練習中，你將學會把時間與痛苦拋諸腦後。

每週逐漸延長練習時間：

- 第一週：兩分鐘
- 第二週：三分鐘
- 第三週：五分鐘
- 第四週：五分鐘
- 第二個月：十分鐘
- 第三個月：十五分鐘

在此我同樣要呼籲：馬上開始練習，並且注意動作的「品質」！你或許會想：「只是幾分鐘而已，沒有問題，我就順手做一下。」但是你將會發現，不出幾分鐘，你就必須傾盡全力才能保持這個姿勢。馬步非常適合自我挑戰、使心靈平靜。「品質」在此意味著，從一開始便意識到自己不再被動的等待，不再有如隔岸觀火的面對生活和自己，而是積極主動、覺醒、充滿意識感、認真努力的獨自練習這個樁步。和你的日常活動相比，這幾分鐘的站樁應該具有另一種深度。將所有讓你惦念的事，不管是擔憂、期待還是困擾，都拋諸腦後，放下一切讓你心情沉重的事物。只有當你的心靈自由自在時，你才能完全沉浸在當下，認識到自己正在經歷的改變。

你是否能夠與此刻正在修習的站樁融合為一？就在此刻，你正實踐著一種促進身心成長的方法。為了使站樁的功效能夠在體內發揮，你必須內外合一。按照自己的速度持續練習站樁，不要停下，也不要半途而廢。承諾自己堅持不懈，並將此承諾封存於內心。

後面〈少林修練〉方法八，能讓你在馬步等站樁姿勢中堅持更久。

〈少林修練〉方法八

鍛鍊丹田，強化身體的核心

我們現今的生命從何而來？從兩種共生共存的互補力量開始，這股力量啟動了生命之輪，讓我們在母親的體內成長。我們不僅因此和母親情感相繫，在生理上也透過臍帶直接和母親相連，獲得能量與養分。

人體的腹部也因而被視為核心。在中國武術和運動藝術中，下腹部被稱為「丹田」之所在，即煉化金丹的地方，是人體的能量中心和聚氣之處。有關丹田的各派觀點和理論不勝枚舉，除此之外還有各式各樣的練功方法，用以發展和培育這個關乎生存的能量中心。我個人認為理論基礎是次要的，但是無庸置疑，有意識的鍛鍊丹田，對身體能產生持續的正面功效。鍛鍊丹田，是在體內培育穩定而強大的能量，讓我們面對變化莫測的世界時，依然能夠在這個寧靜的核心裡保持平衡，不受撼動。強健穩固的丹田，也能促進心靈的修養與昇華，使我們成為無懼風浪摧殘的中流砥柱。

例如「四平馬步樁」和「龍蹬腿」，皆屬於強化身體核心的功法，儘管包括了很多動作，但是意念必須持續集中在腹部，做到意守丹田。有關每一章結尾的練習方法，均可掃描本書末的QRcode，以參閱更多資訊。

滾手推掌

第九章

克服五蓋與內在修練

大家已經知道，一個人內在的信念以及心靈狀態，對個人的所作所爲和一切決定影響甚鉅。佛教將經常覆蓋世人心識的煩惱分爲五種，稱爲五蓋。無論是學習新的武術技巧、語言或者禪修方法，還是在轉換工作、旅行、尋找新居、運動時，這些蓋障都無所不在，甚至在我們踏上個人修行的路上也不例外。

在深入說明五蓋之前，我想分享一則故事：有個男子望著窗外的山景已有數月。他的腦海裡不斷浮現著登上山峰、享受美景盡收眼底的畫面，心中思忖著拋開熟悉的視野，看到新世界、遇見新機遇，將會是多麼美妙的歷程。經過長時間的猶豫之後，他終於來到了山腳下，並遇見一個剛從山頂歸來的旅人。他向這名旅人詢問上山的經歷，尤其是山頂的風光景色。他從旅人口中聽到美不勝收的湖光山色，但同時得知了頂峰之路非常艱辛與困難。他內心充滿疑慮，只爲了體驗美景，是否值得鋌而走險？他沿著山谷繼續前行，途中也遇見了其他旅人。每一個旅人都分享了各自的經歷，用盡一切言辭描繪令人嘆爲觀止的奇景以及沿途歷盡的千辛萬苦。聽完所有精采絕倫的故事和描述之後，這個男子認爲自己已經對上山之路和頂峰景觀瞭若指掌，最後甚至再也沒有親自踏上這條山路的念頭。

我們可以傳承言語、知識和故事，卻永遠無法將親身經歷授予他人。

每個人皆以自己的方式走人生之路，別人的親身經歷、體驗和感受或許可以爲你指引方向，使你的路途化繁爲簡，卻永遠無法取代你自己的經驗。

這裡指的是屬於你個人獨一無二的旅程，憑藉你自身的辛勤與努力，承擔起沿途的崎嶇險阻，直到攀登頂峰。箇中滋味不但只有你自己才能體悟，也無法被取而代之。那是一種當你親自到達頂峰、與清澈澄明的本心自性相遇時，自然湧現的奇妙感受。

這是每一條精神修行之路的目標。

清澈澄明之心無法言喻，只能親身體驗。

何謂五蓋

跋山涉水而歷盡千辛的景象，象徵著自己通往清澈澄明之本心的旅程。清澈澄明，使我們能夠以純淨澄澈的目光放眼過去、現在、未來的狀態和契機，進而做出明智的決策。每個人每天都必須決定許多事情，否則根本無法管理自己的日常生活。有些抉擇無足輕重，有些卻影響深遠。每個人可獲取的資訊以及這些資訊的優劣，也會一同影響他最終的決定。除此之外，最重要的是內心清楚透澈，明辨是非而不受他人意見左右，例如當我們思考人生之路的下一步時。五蓋則會阻礙這種清楚透澈，因此認識並且對治蓋障尤為重要。五蓋分為貪欲蓋、瞋恚蓋、睡眠蓋、掉悔蓋、疑蓋。

一、貪欲蓋

由感官上的視覺、聽覺、嗅覺、味覺和觸覺所引發。貪欲蓋是一種充滿渴望的心理狀態，極其想要體驗愉悅的情緒和感受。貪欲猶如釋放著強大吸引力的磁鐵，試圖以短暫的歡樂、愜意、舒適、快感和誘惑阻撓你的人生之路。不妨想像一下，當你從山腳下出發，不到兩公里便經過一家餐廳。那裡坐著許多相貌出眾的俊男美女，音樂的旋律優美而令人心醉，美味佳餚的香氣撲鼻而來，清涼可口的飲料琳瑯滿目。假如被眼前的景象吸引而分心，你就已經遺忘了自己的目的地。偶爾讓專注力脫離目標，進行其他活動是理所當然的事。你也可以沉浸在享樂中，讓自己縱情片刻。然而你必須意識到，滿足欲望通常不會使欲望終止，反而只是喚醒新的欲望。若是在山腳下美麗的餐廳流連忘返，不願離開，就表示執著五欲已經遮蓋你的內心，阻礙你獲得清澈澄明的心智。

諸如紀律、自制、毅力等少林武德，可在此時幫助你掌握方向盤，繼續朝向自己設定的目標前進。

務必保持警覺，意識到生活中有哪些感官欲望誘惑著你，甚至可能成為你的絆腳石。

二、瞋恚蓋

是一種被憤怒情緒遮蓋的心靈狀態。意指對於某個情況或某人產生反感的瞬間，譬如憎恨、爭風吃醋、嫉妒、眼紅、生氣等表現。讓我們再次以攀登山峰為隱喻：你沿著崎嶇的山路健行，誤入小徑和不熟悉的地帶。禍不單行，這時竟然開始下雨。你不僅討厭下雨，路面的坑坑窪窪也讓你心浮氣躁。若要過河，除了游泳別無選擇。因為下雨已經是個麻煩，更別說是游泳了。不管發生什麼事，只要不符合你心目中舒適、輕鬆之旅的定義，就會成為盤據在你腦海裡的各種論據和藉口，讓你覺得中途放棄旅程、轉身回家是最正確的選擇。假如你無法擺脫一不順心就厭煩的情緒，十之八九便會結束這段旅程。

少林武德，如謙卑和虛心，能幫助你放下怨憤，繼續朝目標邁進。

誠如上一章所述，**通往目標的每一條路上，都可能發生「知而不行」和「半途而廢」這兩大障礙。對於開始進行的事情，應該貫徹到底，有始有終。**

三、**睡眠蓋**

因昏沉嗜睡、無精打采而導致心識被覆蓋。攀登山峰的計畫，並非一時半刻就能完成，更何況是當我們知道這條山路險峻陡峭、旅途充滿艱難時。和所有其他計畫一樣，登山絕對需要心理和生理上的充分準備。不妨環顧四周，仔細思考一下，是否有任何歷久不衰而且對人們發揮正面影響的事物，是未經努力就可以不勞而獲的？創造需要能量，而創造持久不衰的事物則需要更多能量。

在少林傳統中，我們積極克服練功時的困難。鑑於充分的理由，我們必須確保在辛苦的訓練過程中，盡可能避免受到周遭的刺激和干擾，以防止失去專注力，尤其是能量和活力，因為缺乏活力將阻礙我們發揮能夠超越自我的最佳潛能。在前往頂峰的路途上，需要能夠對抗疲倦和懶散的方法，因為你可能會感受到專注力、活力以及繼續前進的動力逐漸消退。想實現長期計畫和目標，就必須持續不斷的努力，然而這也可能導致筋疲力盡的狀態，在某些情況下甚至可能引發憂鬱症。有一則佛教寓言故事，便將這種心靈狀態形容為「心的牢獄」。你感覺被囚禁、受到束縛，儘管你清楚知道想去的地方，卻無法出發。在這種情況下，並非是缺乏專注力使你受到禁錮與限制，而是你心中那座囚牢的鎖。滅除睡眠蓋並不容易，但是唯有擺脫這個蓋障，才能繼續往前走。

少林武德，如忍耐、意志力和信任，能夠幫助你找到打開內心囚牢的鎖鑰，在解鎖之後繼續往自己的道路前進。

強健體魄，心靈也會隨之強健，不再昏昏沉沉。透過鍛鍊身體，培養忍耐、意志力和自我信任的心性。

四、掉悔蓋

因為浮躁不安而且追悔所做之事，遮蓋了心識。之前已經提過，許多少林功法，也包括禪定，首要之務便是平靜心神。為此我們所運用的方法，是有意識的把心神專注於特定而唯一的禪修目標上，譬如呼吸。顯而易見的是，在現今的世界裡，越來越少人具有在某個時間範圍內保持心無旁騖的能力。過多雜念、缺乏專注目標以及修行不足，也使人難以平心靜氣。然而心靈到底應該在哪裡得到安寧呢？就在當下！佛教《大日經》中的〈住心品〉稱躁動的心相為「猿猴心」，意指心靈浮躁不安，猶如猿猴在樹枝間漫無目的的跳來蕩去，攀緣不定。猿猴心無法在眼前這一刻稍做停留，在最需要全神貫注「當下」的這個時刻卻心不在焉。所有人都熟悉這種狀態，心中萬念紛飛，思緒漫無止境的從過去遊走到未來，對曾經發生的事情感到懊惱，或者回顧與細數往昔，對未來充滿恐懼和憂慮。正是這個原因使我們的心識再也無法清澈，彷彿突然之間濃霧籠罩，於是迷失了方向。

少林武德，如紀律、毅力和意志力，能幫助我們擺脫迷惘，堅定不移的繼續前進。**平靜你的心神，專注於當下**。

五、疑蓋

當你對自己以及自己的計畫沒有信心或是信心不足時，懷疑與猶豫不決便油然而生。此時你可能自問：我真的能夠實現我的計畫嗎？走這條路正確嗎？別人會怎麼評論？改變和努力真的值得嗎？遇到這種狀況，不妨請教有經驗的過來人，讓他們啟發和指引你。

很多時候，我們根本找不到表達想法和目標的形式，而且擔心可能發生的結果，以致想法和目標逐漸被懷疑吞噬，或者也可以說，它們原本在心靈之火中孕育而出並且熾烈燃燒，但是現在卻往錯誤的方向引爆，導致我們和自己的初衷漸行漸遠，偏離了目標。如果你的道路上布滿疑慮，勢必會一次又一次的停下來，而且必須重新獲取力量和能量，才能再次出發。這些停頓將越加頻繁，不斷拖延你前往目標的進度，直到最終停下來為止。

少林武德，如意志力、信任和勇氣有助於清除人生路上的懷疑。

相信自己，相信你的計畫，鼓起繼續往前邁進的勇氣。

五蓋對我們的生活造成不良影響，我們卻不一定能夠妥善應對。然而我們可以局限這些蓋障的危害，減輕它們在人生路上產生的阻礙。甚至可以努力杜絕產生蓋障的任何機會，有效的助力，就是規律的生活結構和某些特定的框架條件，其中也包括之前提及的自我承諾——不承諾別人，只承諾自己，以及自己願意遵循的人生準則。思考自己注重的基本原則是哪些，然後有意識的下定決心去遵守。在你的修身之路上，建立一個規範思想與行為的框架，因為它將是你不可或缺的支柱，在面臨人生的各種誘惑和挑戰時不會迷失自己。這個框架也可以是你覺得重要的宗教箴言，諸如此類的方法可以發揮強大的效果，以致在某些情況下，蓋障甚至不會形成。倘若蓋障仍然出現，可以利用以下方法對治，進而克服與滅除。

克服五蓋

尋找一個適合的環境，寧靜之處尤為理想。先讓自己沉靜下來，有意識的深呼吸數次。集中精神，專注於當下，接著進行下列步驟：

一、觀察、意識、感知：你的心靈處於什麼狀態？上述的五蓋當中，哪一種覆蓋了你的心神？

二、接受、承認：不要逃避蓋障，接受它在此刻已成為你的一部分。無需評判、譴責其中的人、事、物與感受，而是允許他人、你自己、事物等一切如其所是。

三、分析、檢視、深思：花一些時間深入了解你的情緒和內心狀態，然後提出問題：為何發生這種情況？這個狀態對你和所在環境造成什麼影響？若是安於現狀，會有什麼後果？眼前的目標進展如何？

四、不認同，然後放下：在心中告訴自己：「我非此身，我非此心，我非此情緒。但是我能夠認出這三者在我之中。」

進行這項練習時，重要的是先探索自己內心的真正狀態：處於這種狀態的感受如何？為什麼會出現這種狀態？究竟發生什麼事？同時也要思考如果繼續維持這種狀態，將是什麼樣子？接著，進一步意識到你既不是身體，也不是心靈，更不是情感，然後放下、擺脫自己與它們之間的認同。

踏上通往內心清澈澄明之路

每一條人生之路，連同路上的阻礙和絆腳石都是獨一無二的。學會接納自己，接受所有影響、塑造你的經驗和覺知。這些元素讓你成為絕無僅有、無法取代的個體，請把自己視為所有元素的整體。因為每個人是如此獨特、自成一格，無法複製別人的人生道路，也無法沿著別人的足跡走同一條路。

曉得佛陀也曾生為人，對於我在理解有關祂的生平和法義上非常重要。與普天下所有生物一樣，祂誕生、活在世上並最終離世。祂曾是悉達多．喬達摩王子，透過自己的修行與自身經歷而覺悟成佛。祂是一個克服苦難的人。因此，調整你的內心世界不必等待完美的狀況或時刻，也不須等待一個使命或者更崇高的意義，才能夠珍惜人生並做回自己。請做出有意識的決定，讓你的人生充滿意義——唯有你自己才能對你的人生賦予意義。然後學著運用你所擁有的東西來主宰自己的人生，那麼任何阻礙也無法讓你卻步。

當你決心踏上這條通往內心清澈澄明之路時，你將在頂峰看到自己從來不是孤單一人。

雖然少林之路是眾多道路的其中之一，但絕對是要求你具備耐心的一條路。這條路上不存在一蹴可幾的成果，反而是一種循序漸進、穩紮穩打的成長與進步：你將一步一步的轉變自己，並藉助一路增長的智慧和修行方法減輕人生的苦難。

為何你急於想要抵達目的地呢？當你達到目標後又會如何？以登山為例，若不是繼續往下一個目標，就只有下山了。歷久不衰的事物，並非一朝一夕之功。因此你應該保持謙遜，有意識的感知這條修身之路，同時培養不可或缺的耐心，平靜從容、專心致志的走你的道路。這一切關乎你自己，關乎你生為人的存在。

少林之路的根本意義，就是在人生中穿梭奔走的同時進行內觀，無論是在哪一個層面。當你開始如實的自我覺察時，你將會發現你已經對日常生活的許多事物產生概念，甚至對許多事情也有了解答，但是基本上人生對你而言，絕大部分仍充滿著未知。譬如你的內在蘊藏著尚未發掘與了解的無限潛能，正有待你去經歷和探索。這些潛能隱藏在所謂的表象之下，讓人無法一眼看穿，因此保持開放的胸襟和心態對你而言是絕對必要的。不知道未來會發生什麼事，就沒有心理負擔。如果明白每一天隨時都有重新定位自己和重新調整步調的機會，這便是真正的自我覺察，進而達到我們所稱的自我主宰——這不是一種外在的駕馭能力，自我主宰的力量，取決於你內心對少林精神思想的了悟以及受到潛移默化的深度。

我試著讓各位了解通往自我覺察的道路，但別只是停留在理論上，開始實踐吧！

讓新的「程式設計」在內心徹底扎根

我在本書列舉的養生功法，請持之以恆的每天修練一項。沉浸在站樁的世界裡，全心投入意識的鍛鍊之中，切勿抱著期望去揣測每個練習是否能夠在身上產生功效。練習時聚精會神，一心一意，不漏掉任何一天。如此一來，你便在生活中細心而周密的建立起一種新的規律結構。利用每次練習的幾分鐘，專注於活在當下。平靜你的心，與內在和諧相處，沉浸於你正在做的練習，全神貫注於這一刻。當練功的次數越多、時間越久而且完全投入其中時，就越能體會這些練習提升了你的生活層次與品質。通常在這個時候，你會渴望更深入的去探索。若是如此，請投入更多這種集中注意力的優質時間，你的人生將獲得改善，周遭的人也將因此受惠。

如果因為執念而受困於想法、言語或行為之中，你將剝奪自己掌握人生的機會。發掘你的機會與可能性，讓自己成為生命的主人。若想要了解你的未來，就必須觀照現在的自己，因為你的現在就是奠定未來的基礎。若想要改變命運，譬如希望恢復或保持健康，又或者成為一個仁慈、樂於助人而且知足的人，就先改變自己的習慣。這是一種需要不斷反覆修習的過程，如此一來新的「程式設計」在內心深處徹底扎根，進而能夠通達領悟，增長知識。

【個人見證】

妮娜，四十二歲，母親，護士

我原以爲我的內心平穩和諧。直到開始進行修行課程時，意識到自己無法專注、心猿意馬，而且越是試圖控制，越是心神不定。但是我沒有放棄，現在定期練功，我的自律能力已經大幅提升。我欣喜的觀察到身體的轉變，所有姿勢動作四平八穩，與之前有天壤之別。這一切實在是筆墨難以形容，眞的必須親自體驗才懂。

在心靈的層面上，我學會了保持專注！保持專注的能力，在工作上發揮了很大的效用。自從我在外能夠全神貫注的工作，回到家便不再筋疲力盡，尤其是不再感到空虛。以前的我從未眞正意識到，自己經常空虛茫然的回到家，處於身心俱疲的失衡狀態。現在的我，越來越能夠敏銳的覺察內心湧現的感受和反應，並且有意識的處理應對，也就是疏導情緒，而不是被情緒所主導。這讓我獲得了一種不可思議的安定感。

大多數人，包括前來歐洲少林寺參加靜修的學員，對於生活、朋友、同事以及這個世界，經常抱持「固執己見」的態度。然而並非只有他們的心靈僵化封閉，他們的身體亦是如此。

我們時常被問及，為何需要進行這麼多的鍛鍊和伸展動作。不妨問問自己，你的手臂能夠伸多長？雙腿能夠張開多寬？答案會揭露你的身體柔軟程度。如果身體緊繃，無法再靈活伸展，也會連帶影響肌腱、血管、肌肉、神經和整體的能量供給。若希望人生有所改變，並且接觸到新事物與機會，就必須給予身心靈自由的空間。被責任義務羈絆的人，通常沒有展翅高飛的可能性，彷彿禁錮在一個塞滿東西的密閉容器裡，因為沒有空間而動彈不得。少林傳統中有許多方法可以改變這種現況，能夠重新開啟身體，打造出足以徹底轉變的空間。

不妨在腦海中想像一個敞開而且盛滿的容器，你既無法倒入更多東西，也無法移動它，因為前者使內容物溢出容器，後者造成一部分的內容物撒落。然後借用這個景象，在你眼前遙想自己呱呱墜地時，猶如一個幾乎全空的容器來到這個世界。隨著歲月流逝，這個屬於你的容器在日積月累下，充滿了越來越多的資訊和私有物，因而重量不斷增加，越來越難搬動；而且當它變得更滿，你就更害怕人生的震盪和變化，因為這同樣會導致溢出或撒落，進而造成損失。於是你寧可不動，久而久之變得僵化。這是一種宇宙定律。

我們寺院的靜修課程對於大多數初學者而言，頭兩天都非常艱苦，因為我們引導學員達到身體的最大極限。在這個過程中，他們會察覺自己的極限並非固定不變，若想要超越極限，迎接新事物，就需要一些克服的勇氣。

轉變是痛苦的。

兩天過後，他們已經徹底筋疲力竭，因此內心也趨於平靜，變得放鬆、豁達，願意嘗試全新而豐富的體驗。伸展身體意味著重新獲得活動的空間。因此在寺院裡，伸展成為日常鍛鍊身體的重點之一，而且包括肢體軀幹所有部位，胸腔、肩膀、手臂、手指、腿部等，只要是可以伸展的地方，都需要被伸展，以使身體生機煥發，保持靈活。擴張的胸腔能夠吸入更多氧氣，把能量運輸至體內；開闊的心靈則欣然接受生活，與變化和諧共處。務必隨時提醒自己，任何一種形式的封閉，任何一種持續緊張、固執己見以及對擁有物的執念，都會消耗與牽制身心靈的能量。

本章末有一些練習指導，用以學習透過身體領會打開和放下的感受，一旦熟練之後，在心靈上也能達成相同效果。

敞開自己，放下執念

每個人的生活都由標準規範、規則和框架條件所構成。你在這個世界誕生長大，緊接而來的是幼兒園、小學、中學、大學、職業培訓、選擇職業等等。你累積了資產和地位，努力符合社會主流價值觀的期望與要求。為了容納自己的物質財產，你遲早需要更大的空間，於是你擁有了一間放滿物品的大房子。維護這些財產讓你竭盡心思，也助長了恐懼和憂慮，你的身心變得越來越不靈活。如此一來，你周遭還有多餘的空間嗎？是否還有彈性去接納新知與見解？你一定曾經在某個人生階段裡，買過並收集很多當時有用的東西，或者完成有意義的事情，譬如去遠方旅行和發展事業。然而現在是什麼狀況呢？或許你保存在地下室裡的物品已經堆積如山？是否上次搬家時捨不得丟棄這些舊物，因為你覺得總有一天用得著？出於安全感的需求，我們總是渴望把不計其數的東西置於觸手可及之處，它們看似生活必需品或是我們認為能夠提升生活品質的東西，因此要我們斷捨幾乎不可能。然而維持這種現狀就無法培養少林精神，因為這意味著拒絕改變。試問自己，什麼才是生活中真正不可或缺的事物？答案因人而異。但是哪一個答案才是真正出於你自己的判斷，而不是來自別人？是你自己思考過後的想法、觀點嗎？給你的人生一些空間，深入思考你想要如何規畫；讓自己變得有活力，勿裹足不前。**應該拓展的是你的心智，而不是物質享受**。打開內在心靈與外在身體也代表著必須離開舒適圈。若沒有自由活動的空間，就沒有成長的機會。

老子的道家思想認為人類出生時擁有柔軟、伸屈自如而且生機旺盛的身體，當生命消亡時，我們則僵硬不動，所謂：「人之生也柔弱，其死也堅強。」並依據這個觀察將柔軟溫和喻為生命，將剛強僵硬喻為死亡：「故堅強者死之徒，柔弱者生之徒。」因此請隨時警惕自己，加強身心靈的柔軟度，保持伸展自如，同時避免整體精、氣、神產生淤塞阻滯、困於執念和陷入緊繃的狀態。

有一則故事說道：佛陀和弟子們坐在山丘上。一名農夫從山下跑來，氣喘吁吁的說他養的幾隻牛不見了，詢問有沒有人見到。佛陀和弟子們回答沒有看見，並保證沒有牛經過這座山丘。農夫不禁大吐苦水，哀嘆今早還看見收割的豆子受到真菌毒素的侵害，實在不是個吉祥之日，說完便匆匆離去。佛陀轉頭對弟子們說：「我們多麼幸福啊，既沒有牛，也沒有豆子可以失去。」

觀想：斷捨你不再需要的東西

放手、斷捨，隨時隨地都可以練習。請騰出一天的時間，讓自己完全放空，在這一天沒有責任義務、沒有邀約、沒有家務、不必買菜、不必工作。如果你有家人同住而且他們無法在這天外出，你可以選擇去森林或者飯店。總之，找一個沒有任何人向你提出要求或者你無法向任何人提出要求的地方，在那裡完全脫離自己的生活，沒有手機，沒有音樂，只有寧靜。

現在開始吧！想像你的儲物地下室，詳細觀想裡面堆放了哪些物品。花多一點的時間，鉅細靡遺的觀察，不以自身想法去評價，也不讓內心觸景生情。觀察那些置物箱、燈具、吉他、斷了鏈的自行車、舊時的洋娃娃、學生時期的照片、和父母以及兄弟姐妹的合影。也在你的想像中打開幾個密閉的箱子，查看那些老舊的燭臺、銀製餐具、更多的相片、毛衣、鞋子等等。所有東西都還保持相當良好的狀態，或許還能派上用場。當你越仔細觀察、越能夠感知所有堆積物品的區別時，你就能越清楚的看到全貌。用心觀察，深入地下室的每個角落。

然後閉上眼睛片刻，深呼吸幾次。

現在以另一種角度注視這些物品，彷彿你未曾見過，彷彿它們不屬於你而且對你毫無意義，只不過是恰巧堆在這裡而已。試想沒有這些東西的你，是誰？沒有這些東西的你，還擁有什麼呢？

現在你是這些物品的主人，那麼就捫心自問：儲物間這些大大小小的物件，對於我此刻的生活有何用處？

想像一下，所有存放著等待有朝一日重新派上用場的東西，讓你每走一步，肩上的擔子就更沉重一些。因為你無法將所有東西一併扛在肩上，所以你身上除了肩背包和一個大型後背包之外，雙手也提著沉重的袋子。再想像一下，你一邊扛著這些家當，一邊從地下室爬樓梯上樓，以便把所有東西搬進房間，這個過程是多麼舉步維艱，而且家裡將變得非常擁擠。如果你必須搭車或騎自行車上班，又該如何把它們帶在身邊？而現在，當你仍然坐在椅子上觀想這一切時，試著在腦海中勾勒出放下這整個包袱的畫面。

你的地下室空了。你感覺自己變得比之前靈活輕巧，因為卸下了千鈞重擔。注視這個現在變得空曠的空間，也許有陽光從窗戶灑進來，或者有燈光照亮了每一個角落，你赫然發現，此處原來如此寬敞。眼前景象，是否讓你有一種豁然開朗的感受？因為

「空」沒有記憶，沒有情緒狀態，這個空無一物的空間賦予你不計其數、嶄新的可能性。如果你不改變生活態度，繼續累積物品，其中一個可能性當然是把它們移至地下室，那麼在未來幾年之內，這個空間勢必又是堆積如山。

空曠的空間則使你平心靜氣，不受情緒羈絆，可以成為你平日練功或禪修的地方。只要它空無一物，你就擁有無窮無盡的可能性。因為你開啟了自己，重新獲得了伸展空間。

有一個女學員曾經向我敘述她的相關經歷。她住的公寓裡有一戶鄰居過世了，而且這個人在地下室他的儲物間堆滿了東西——這種狀況在生活中屢見不鮮。裡面有一個櫻桃木櫃子、老舊的廚房設備、裝滿衣物的大袋子、餐具和鍋碗瓢盆等等，不外是生平累積的所有物品。公寓管委會雇用了專業的清理公司來處理這些遺物，在兩天內便清空了。幾個月之後，女學員因為買了新椅子，想把廚房的兩張舊椅搬到地下室自己的儲物間。令她大吃一驚的是，映入眼簾的竟然是一個乾乾淨淨、空無一物的空間。原來清理公司不小心清到她的儲物間，反之，隔壁已故鄰居的儲物間則依舊堆滿著櫃子和廚房設備等等。因為已經時隔好幾個月，她無法把東西追討回來，也不得不承認，她無法一一記起儲物間裡原本有哪些東西。為了補償她的損失，有人提議至少讓她接手逝者儲物空間裡的貴重家具，但她卻有一種如釋重負的感覺，因而婉拒了好意。從那時起，她的儲物間一直保持清空的狀態。

試想，假如是你的儲物間一夕之間變得空空如也呢？有人全權代替你決定所有東西的去留、定奪它們是否還有利用價值，你能看出、體會這其中的解脫自在嗎？

現在再騰出一點時間給你的內心：觀想你內心的地下室，和之前掃描房屋的地下室相同，仔細環顧裡面的一切。打開那些裝滿美好與痛苦回憶的箱子，裡頭可能裝著對往事的憤恨，可能是初戀的甜美滋味，又或者是與父母親的爭執。這時候，也在眼前想像著自己如何把這些箱子放在肩膀上，有一些則放入手提袋，而且這些袋子迫使你的雙手重重往下沉。體會一下整個重量壓著你的感受。這些壓力不斷使勁把你拉進過去的漩渦中，讓你根本無法活在當下。這時如果你苦思自己的未來，對所有可能發生的事憂心忡忡，也同樣無法專注於此刻。

現在，以第三者的角度來看待這一切：這些回憶根本不屬於你，彷彿只是某個陌生人向你展示照片，而且問你：你想要它們並且隨身攜帶嗎？你真的渴望擁有它們嗎？

現在繼續往下一步。想像這個地下室也清空了，乾淨無塵，光線灑落進來，這裡就是你內心伸展自如的地方，是一個靜謐、不被回憶和情緒束縛的空間，也沒有面對未知的恐懼。

斷捨，能夠釋放被桎梏的能量，令人心神舒暢，不只適用於地下室裡的箱子，也

適用於看法、期望和觀念，使你獲得全新的能量和動力，用來投入於其他計畫、目標和其他人身上。務必從一開始就牢記，這個過程需要時間，沒有捷徑。舉例來說，我們在少林寺裡經常被初學者問及如何導氣。他們看過一兩個、甚至很多個影片，希望自己也能做到。我們的回答是：任何專長都需要經年累月的訓練，而且學不會的原因只有一個，就是知而不行，遲遲不跨出第一步。如果現在就開始，你就離學會導氣的那一天更近一步了。也就是說，是否有朝一日具有此能力，完全取決於你自己。不要將導氣訂為一項目標，當你練功到達一定的程度時，將會覺察自己能夠引動體內的氣流，而且在這個修練過程中，你也將會獲得許多其他的能力，使你的生活受益匪淺。

現在就開始練習打開自己與斷捨。首先從其中一項練習開始，每天修練並持續數週，這便是一個週期，之後再進入下一項練習。第一個有趣的練習是「鬆手」，能夠使你具體感受到釋放而出的能量，消除緊繃狀態。

❖ 鬆手練習

首先從小指開始，其他手指則依序朝掌心閉合，最後將拇指置於其他手指上。接著用力握拳，將手指緊緊擠壓在一起。每次練習時一定要從小指開始，同時確保小指能夠用力壓，每根手指逐一的朝手掌方向壓，不斷重複，而且所有手指一起用力夾緊。設定計時器，進行四分鐘！是的，這個練習可能會引發疼痛，手臂也可能會顫抖。給自己四分鐘的時間，保持全神貫注。四分鐘之後，在身體兩側垂下拳頭，慢慢鬆開手指，用心感覺你的雙手，感受一股釋放而出的能量！

如何面對疼痛和內在極限

在此我想提出另一種學習斷捨的方式，就是劈腿拉筋：當你開始進行劈腿練習，必然會經歷疼痛的時刻。在這個時刻，你所面對的就猶如自己無法輕言放手的事物。你開始從內在武裝自己，讓自己變得強悍，因為疼痛掌控了你。就在這一刻，你遇到無法突破的瓶頸，只能停滯不前。因此我們需要修習少林精神，征服並掌控疼痛，繼續向前邁進。

這條修習之路使我們坦然接受逆境，處變不驚，況且如果在經歷痛苦時仍然能夠選擇放手，便能重新找回生命柔軟溫和的一面。對於修習武術的我們而言，武打時能夠接受疼痛，便意味著疼痛無法驚嚇我們、干擾阻礙我們的反應。如此一來，便有利於保持防禦所需的靈活度；反之，若是因為疼痛而蜷縮，身體就絕不可能伸展自如。

❖ 透過劈腿拉筋釋放疼痛

嘗試劈腿，或者將腿跨在書桌或椅子上，盡可能大幅度的拉伸，直到疼痛感出現。停在這裡，不要放棄。在疼痛中深呼吸！吸氣時，能夠感覺到肺部擴張，胸腔充滿了空氣。現在想像一下，你透過呼吸讓空氣進入疼痛的區域，此處如同你的胸腔一樣膨脹飽滿，盡可能的仔細體會這種疼痛。隨著你的吐氣，吸進體內的氣被釋放了，不僅氣息從身體泉湧而出，疼痛也跟著一起消散。藉由這種方式，僵硬的身體將能夠逐漸恢復柔軟的狀態。

隨著學會開啟身體，你的心靈也將達到更深的層次與境界，進而大幅提升練功的品質。身體伸展的幅度越大，支撐你練習的內心力量就越強。「如其在上，如其在下，如其在內，如其在外」是古時傳下來的宇宙法則，這裡也同樣適用：有活動力的身體，心靈也會伸展自如。

我們寺裡的弟子以及前來參加靜修的學員，皆透過許多不同類型的站樁功來練習站立，若在本書一一列舉，恐怕篇幅過長。但是下列的這個站樁功，大家可以嘗試自己練習，並觀察何時達到自我極限以及如何應對。

❖ 站樁的小練習

身體呈直角。雙腳不完全伸直，上半身向前傾至與地面平行，雙手從耳朵兩側往前方伸展，保持這個姿勢至少三分鐘。最遲在一分鐘之後，這個站姿會讓你感到非常不舒服，因為雙腿必須調適非比尋常的重量分配而開始顫抖，下背部彷彿即將斷裂，手臂越來越沉重，頸部勉為其難的支撐著頭部。不久你的內心就會浮現一個聲音：「我不須要這種練習，何必自討苦吃？」再過一分鐘之後會說：「我做不到，必須馬上停練。」

假如此時你在我們的寺裡，會經歷以下的情景：在練功場地，你左右張望，看見學生、信徒以及資深弟子們都堅持不懈，所以你也繼續咬緊牙關的撐下去，以致突破了自己的第一道界線。你設想到竟然能夠忍耐這麼久。但是疼痛依舊，甚至痛到你再一次產生放棄的念頭。這時，一位師父走過來修正你的姿勢，使得保持站姿更加困難。無論如何你都不想當著師父的面放棄，所以你的身體開始顫抖。師父便對你說：「你只是顫抖而已，不代表已經達到極限。」顫抖表示你的身體正在反應和調適，而你處在當下，那是一種有如出神的狀態，這個站樁功要求你全神貫注，需要意志力和紀律才能鍥而不捨的堅持下去。突然間，剛才還對自己說「我不須要這種練習，我做不到」的「猿猴心」，在你體內變得安靜了。你很驚訝竟然能夠撐到現在，不禁好奇自己能夠堅持多久。也許第一次嘗試時是五分鐘，即便兩分鐘之後就已經產生放棄的念頭。

這種經歷越頻繁，你就越可能願意挑戰自我、相信自己的能力並且承受辛苦的磨練，自信心也會因此增長，這正是你在運用身體修練少林武德。除此之外，這種經驗還讓你放下了對自己「頂多撐到兩分鐘」的成見。

這就是我之前所說的，透過身體領會「打開」與「放下」。

❖ 打通手臂的氣脈

這個練習幫助我們打通手臂裡的氣脈，使體內的能量重新通暢無阻。

採取自然放鬆的站姿，雙腳打開，大約與肩膀同寬。從身體兩側向外伸開雙臂，同時盡可能伸展手指。看向左側，想像有人緊握你的左手中指而且持續往左邊拉。脊椎（你的軸心）保持不動，放鬆肩膀和左手臂，讓左手臂繼續朝左方延展。保持這個伸展動作，然後看向右側，開始重複之前同樣的步驟。持續延展左右兩臂，讓它們越來越遠離你的軸心，並放鬆肩膀和手臂中的任何一種緊繃感。運用意念想像關節（肩關節、肘關節、腕關節、指關節）之間的距離越來越寬，形成了一個空間。當你感受到手臂裡出現一種非常明顯而且持續的拉扯時，就表示你正在打通氣脈的路上了。每次練習時，至少保持這種拉扯的力道三分鐘。

離開舒適圈是一種斷捨，因此過程可能痛苦萬分。就像練習劈腿一樣，身體和心靈從疼痛中一步一步走向自由。

如果能夠忍受疼痛，你將變得堅韌強大，未來也比較能夠應對人生的逆境和苦難時刻。接受痛苦，是真正歷經痛苦的煎熬，而不是逃避；原地不動、安於現狀，也不是迴避，而是尋找出路。對於我們的弟子和前來參加靜修的人，練功是一件艱辛而且疼痛難忍的事。幾乎所有參加課程的學員，在第一天結束時都認為練功很艱苦。第二天結束時，已有許多人認為自己無法堅持下去。雖然第三天的修練更加辛苦、令人疼痛不堪，但是學員已經學會與疼痛共處了。也有一些人在看過有關歐洲少林寺的影片後，便立即打消練功的念頭，因為他們覺得鍛鍊太過嚴苛。

真正痛苦的並不是練功，而是走出僵化的舒適圈以及突破自我極限——雖然痛苦，卻非常值得。大多數的學員在靜修結束時，發現自己的表現遠遠超過了原先的預期。他們更明確的覺察到自己當下的存在，身體和心智也比以前靈活自如。這種密集的鍛鍊，消除了身體的緊繃和僵硬，進而使體內的真氣獲得更多空間，氣的流動也更加通暢無阻。

這種效果也在呼吸吐納上表露無遺：如果位於胸部、背部、腹部、肋骨、肩頸區域深處的緊繃真正獲得解除，便能覺察吸入的氧氣更深入的往體內流動。吸氣使胸腔飽滿，肺部獲得擴張的空間，隨著每一次呼吸，身體將攝入更多的氧氣。若不只是胸部和背部，還有軀幹、手臂、手指、大腿、臀部、膝蓋、小腿肚、小腿、腳、腳踝都處於放鬆不緊繃的狀態，那麼心臟將更容易把富含氧氣的血液輸送至全身，因為幾乎不會遇到阻力。

參加靜修的訪客甚至也感受到，身體和心靈幾乎在不知不覺中更加密不可分。

但是如果我現在對你說：「將你體內的氣引導至右肩，進入緊繃的地方。」你的身體並不會產生共鳴，所以什麼都不會發生。又或者當你在訓練場地上第一次聽到「左腿抬高，伸展腳趾，右手放在胸前！」的口令時，內心並不明白其中真正的涵義，你可能先觀望其他人的動作，再試著模仿。訓練有素的人擺出的姿勢動作看起來都輕而易舉，但是對你來說卻是一大挑戰。你抬起一隻腳，全身搖搖晃晃，不知右手該放在哪裡，更不知該如何伸展腳趾。此時，你的身體和心靈可說是完全分道揚鑣。但是經過一星期的目標訓練之後，所有人都能夠完成這些動作，他們聽到我的口令，便在內心接收了指示，身體也自然而然的跟著動起來。這種身心靈的合一即使最初只限於局部，仍令人感到心曠神怡，因為這是人類的自然狀態。但是如果他們離開寺院之後不再繼續練習，這種剛形成的結合又會消失。因此我們以三十、六十或者九十天做為一個訓練週期，目的是讓這個尚處於微弱狀態的連結，變成一條穩固而耐久不斷的繩索。

我一開始就提到少林精神使我們受益匪淺。如果你平日按時練功，絆腳的次數將越來越少，即使發生也能及時穩住自己的重心，萬一因而摔倒，也不至於造成傷害。此外，你撞到身邊物品的機會也將減少，即使碰撞了，也能在東西落地之前接住。假如有人推你，更不會摔倒。

有一名參加靜修的訪客，已經練習功夫和氣功好幾年，平日習慣騎自行車，不分一年四季，即使冰天雪地也不例外。某個冬天，結冰的路面正巧被落下的新雪覆蓋，他輕忽了這個狀況，所以踩煞車時發生了以下情形：他感覺自己滑了出去，而且朝著前方車輛的底部滑去！就在千鈞一髮之際，他卻突然站立在人行道，而他的自行車仍倒在馬路上。無論是他自己還是等待紅綠燈的行人，都無法解釋他如何出現在人行道上。

身體與心靈合而為一，能夠讓我們更從容無懼的面對人生。若想在身體與心靈之間建立穩固的連結，以獨特而與眾不同著稱的武術訓練，至今一直是最佳途徑。武術和功法能夠使你伸屈自如，靈活應變，身心結合則賦予你安穩踏實的感受，讓你在滾滾紅塵中安身立命。因為你知道自己的臨場應變速度比思考更快，所以變得更有勇氣——記住，勇敢是少林武德之一。

如果你從未涉獵任何武術，一開始可能會懷疑是否學得會。相信我，反覆練習、溫故知新，就是獲取所有技能的根本之道。如果口令是「伸出左手臂，握拳，右腿在後，腳呈四十五度，右手在胸前，上半身向前微傾」，即使你只做到伸出手臂，那也算是第一步。但是經過幾次訓練之後，你就會發現情況好轉，因為你體驗到身體與心靈再次展開了互動。人們常說武術能夠增強體力和腦力，確實如此，然而更重要的功效，則是使身體與心靈融合為一體。

給自己限制，才能夠成長

再強調一次：我們不認為，那些完全順著自己心意做事、只追求內心渴望的人能夠朝著正確的人生方向發展。每天二十四小時，你的理智對著你說個不停：做這個，做那個，然後決定這一個，或者不如選另一個。或許你剛與某人發生爭執，理智告訴你：嘿，何必把他的話放在心上。他剛才辱罵了我，我必須反擊、必須給他一點顏色瞧瞧，讓他知道誰才是老大……。是時候該退一步、靜下心來思考了，這就是為什麼有所謂的「閉關靜修」。

大多數前來我們寺院參加靜修的人，都有一顆浮躁不安的「猿猴心」。這隻住在心裡的猴子老是蹲在他們的肩膀上，慫恿他們凡事都立刻依照自己的心意去做，因此想要某樣東西，就在網路商店下訂單，口渴了就喝飲料，餓了就要吃東西，覺得冷就穿上外套，覺得暖和了又脫掉。

我們要求每一位學員練功時不上廁所，外套和上衣不要反反覆覆脫掉又穿上，也不要走到一旁喝水。有些學員對於這些要求感到困惑，覺得受到百般限制。然而他們隨後便意識到，如果放縱自己我行我素，不但會分心，還會干擾在場所有習武者的專注力。這就是不把個人需求置於團體需求之上的第一步。

不立刻滿足每一個願望，無形中便訓練了身心靈之間的互動。道理非常簡單：你的身體傳送了飢餓的訊息？但是你的心智說，現在不行，於是飢餓感就消失了。

在某些季節，當我們在早上八、九點開始練功時，氣溫只有兩度，但是一兩個小時之後已經上升至二十度。學生們站在豔陽底下，體溫也隨著練功額外升高，每個人都汗流浹背。對於練功時不能上廁所、不能反覆穿脫外套的嚴格規定，有一名女學員起初很不以為然。她據理力爭：「我早晨習慣喝很多茶。我不想感冒。」其實所有理由無不表明了「我不想離開我的舒適圈」。於是我們引導她了解少林武德「謙卑」，這意味著首先應接受批評，因為其中蘊藏著成長的機會。一位正宗的師父之所以批評弟子，唯一的原因就是為了培育他們成長。因此師父是讓弟子能夠信賴的人。

一夜之間，這位女學員已經明白了自己的舉動。在職場上，她也是許多培訓課程和講座的主辦兼主講人。她想起演講時有人開始和鄰座交談、有人進進出出造成門口開開關關的景象，而且所有人都會不約而同的轉頭望著誰進誰出，這一切著實擾亂了聽眾以及她在講臺上的專注力。於是她了解到，她每次擅自離開練功場地的行為其實和那些人並無差別。所以她決定每天早晨少喝一點茶，也選擇先忍耐寒冷，免得過一會兒又覺得太熱。隔天早晨，當低溫讓她的雙手變冷時，她先是羨慕的瞄著其他戴手套的人，接著便專心致志的練習感知。她的手很冷，真的非常冷，而且開始疼痛。突然之間，儘管陽光尚未照射在練功場上，她卻感受到一股能量湧入手裡，她的雙手因此變得非常溫暖，對自己的身體重新產生了信任感。假如她在練功時依舊一意孤行，執意反覆穿脫衣物，就絕對無法經歷這樣的體驗。

不妨再問自己一次，對你而言，什麼才是自由？是跟隨一時的欲望行事，還是成為能夠主宰欲望的人？

只有當你的內心能夠自律時，真正的自由才會來臨。

把恐懼、嫉妒、沮喪和憤怒放下吧！每當負面情緒出現時，學著運用本章克服五蓋的四個步驟，一次又一次的讓它們消失。這不代表你將不再有七情六欲，而是不再被它們擺布與操控。當你不再執著身分地位的象徵、頭銜和職稱時，你擁有的自由就更多了。正如佛陀、牛和豆子的寓言所示，擁有的東西越少，牽掛就越少，你才能專注於真正對自己重要的事物，不被其他人的意見、期許和希望所束縛。

現在就學習放下，它能幫助你凝聚力量，最終超脫人生。

〈少林修練〉方法九

淡定的強大力量

雖然岩石在驚濤拍岸中靜止不動，但是它已具備了非同凡響的實力，處於變化萬千的水流之中，依舊安然自若的佇立著。我們也可以在自己的人生中，成為那塊波瀾不驚的岩石。然而若是遇上洶湧巨浪，而且正處於人生中未知而陌生的領域時，我們需要的不只是寧靜而且屹立不搖的內在核心，還需要具備調整核心的能力，使它能夠在變幻多端的環境中隨機應變，保持靈活。這意味著順應波浪並依據情勢採取靈活的因應之道，就如水一般柔軟隨順、適應力強，但是始終在我們的內在核心裡產生一種平靜與淡定的強大力量。

心意拳的「龍調膀」，便是將變化與穩定兩者完美融合的代表。還記得第四章末介紹的心意拳核心功法「蹲猴樁」嗎？練習蹲猴樁時，身體上半部向左右兩側交替扭轉，同時手臂持續交叉移動——左手臂往右膝、右手臂往左膝方向，如此一來，上半身便能夠有效的伸展。

第十章

使形、氣、神和諧一致

羅漢篩粉

大多數人尚未培養身體與心靈的關係，因此重新建立身心關係並進行系統性的發展是當務之急。許多人甚至難以理解身心關係的眞正涵義，但是在練功的過程中，我們不但可以具體感知身心靈之間的關聯，而且這種關聯也會越來越凸顯。

在過去三十年中，我認識了許多不同的系統、方法和老師，因此得以比較這些方法的差異，也能判斷出它們特別適用於哪些情況。基於我的經驗與所得知識，我爲我們寺院的學子以及任何對少林教學有興趣的人制定了一套基本方法，我很樂意在此與大家分享。

發展身體意識

修習少林功法，首先著重於意識到身體、發展身體意識並且不斷改善。

唯有知道問題的根源和起因，才有破解之道。

不妨想像一下這個景象：在某個春日，你手上拿著一本書在森林漫步。你想尋找一個清靜之處坐下來，好讓自己能夠心無旁鶩的投入這本書。在森林遊走了幾分鐘之後，你終於發現一張長板凳，便坐了下來，沉浸於閱讀之中。

思考兩個問題：

一、在森林裡逗留的時候，你察覺到什麼？剛進入森林時，你一定感受到清新的空氣撲鼻而來，或許還注意到從樹枝間灑落的溫暖陽光。你是否也觀察到正在鳴叫和嬉戲的小鳥？

二、當你沉浸在書中時，你對空氣、陽光和小鳥的意識還有多少？

我希望透過這些舉例讓你知道，我們在日常生活中對周遭事物的感受，往往是選擇性的。或許你沉浸於閱讀時並未聽到鳥叫聲，但是這並不代表它們不存在。

越加深入和透徹的意識到自己以及周遭環境，是我們修行與練功的目標。現在我想要帶領你進入這個世界，讓你發現一直存在於內心深處卻未被你察覺的東西。我說得夠多了！現在就輪到你自己透過修練功法去發掘其中的奧祕。接下來的練習包含了兩個核心要素：呼吸與感知。

呼吸

我們將呼吸視為連接內心世界和外在世界之間的橋梁。有了呼吸的能力，我們才能在心智和身體層面上發揮表現。呼吸的品質，決定了我們能否在體力消耗時提供身體充足的氧氣。藉著改變吸氣和吐氣的長短，我們可以學習如何調整呼吸。

感知

為了訓練感知，我們在呼吸時，將同步進行身體外部的動作模式（手臂運動），以及身體內部的動作練習（舌頭運動）。

這項練習分為三部分，初學者可以單獨練習每一段，作為入門基礎。但是之後，我建議始終把這三部分視為一個整體來進行練習。

這項練習稱為「養氣三式」，故名思義就是以三個功法招式滋養元氣，很可能源自於道家的養生之學。

本章將闡述的第十個少林修練方法便是養氣三式，包括下列分段練習：

【第一式A】**養丹式**：進入虛寂沉靜的狀態，展開對氣的探索。

【第一式B】**內觀式**：觀照內心。

【第二式】**托天式**：以手撐天。

【第三式】**抱球式**：認識氣在手中的循環。

〈少林修練〉方法十

心神一體，養氣三式

尋找一個安靜而且能夠獨處的地方，讓自己在接下來的十五分鐘內不受打擾。如果情況許可，請以站姿練習下列動作，坐著或躺著亦可。這些練習不會耗費體力，但是需要高度集中精神和專注當下。

姿勢

站姿

雙腿雙腳併攏，身體和脊椎拉直，手臂置於身體兩側，肩膀和頸部放鬆。雙手手掌打開，手指伸直但不緊繃。透過下巴朝胸部方向微收的動作，調整頭部位置，使頸部肌肉能夠獲得輕柔的伸展。目光注視著遠方（視野開闊的地方很適合這項練習）。

坐姿

若想坐著進行呼吸練習，請拿一把椅子，或選擇其他能夠保持端正坐姿的位置。打開雙腳，與臀部同寬，腳掌平放於地面。調整雙腳，使自己的坐姿舒適放鬆。脊椎挺直，下巴朝胸部微收，頭頂輕輕往天花板方向伸展，目光注視著遠方。

臥姿

採用臥姿時，選擇平坦而且不會過軟的地板或平面，躺著時背部朝下，也就是仰臥。頭下方可墊一個小枕頭。開始調整臥姿，重要的是，自己能夠明顯感覺到身體是否處於緊繃或者放鬆的狀態。仰臥時，胸腔和腹部放輕鬆。雙手置於肚臍下方，手掌朝向身體。

【第一式A】養丹式

養氣三式的第一個練習「養丹式」，主要在培養對呼吸與意念的初步覺察。放鬆自在的站在、坐著或躺著，是這個練習的基本條件，但是可能對你而言已是一項挑戰。正確調整身體的姿勢非常重要，才能使承載著重量的身體在盡可能不緊繃的狀態下保持四平八穩。人體結構以骨骼為基礎，所以可以試著將體重轉移到骨架上。在整個練習過程中，務必隨時注意姿勢是否正確。

不論採取站姿、坐姿或臥姿，當身體處於放鬆狀態時，即可展開預備功。

預備功

以站姿進行預備功時，首先稍微把身體重心轉移至腳跟，使前腳掌的壓力獲得舒緩，同時使雙腳呈V字型。接著把身體重心轉回腳掌，慢慢從兩側舉起手臂（勿完全伸直），手掌朝前向上，同時吸氣。手臂持續往上舉，直到雙手掌心在頭頂上方相對。在做這第一個手臂動作時，將重心稍微移至前腳掌，抬起腳跟，雙腳從 V 字型回到互相平行的位置，兩腳距離與臀部同寬。

當雙腳呈平行後，放低腳跟，使身體重量平均分布於整個腳掌。請注意，盡量減少腳底的緊繃感。

在放低腳跟和腳底的同時，手臂也開始從頭頂上方沿著身體的中心線往下移動，直到雙手再次回到身體中心會合，即下腹部的丹田，然後雙手輕貼在下丹田。

由此可見，預備功包含了同步進行的三個層面：

- 呼吸
- 手臂動作
- 調整腳部姿勢

不論以站姿、坐姿或臥姿練習，雙手都輕放在身體中心的丹田上。至於左手應置於右手上方還是下方，對於預備功來說並不重要，只要採用兩手交疊時自然形成的上下位置即可。

心神與呼吸和諧一致

當你觀察自己的姿勢結構時，應使身體保持平靜和放鬆，視需要而進行調整，這意味著覺察並且釋放緊繃的部位。當雙手靜靜貼在下丹田時，緩慢而深長的吸氣，使氧氣深入身體能量的中心，達到氣沉丹田。在感受腹部如何漸漸膨脹並充滿氧氣的同時，必須在練習中加入一個細節：舌頭的動作。

吸氣時，舌尖輕觸門牙後方的上顎，勿施加任何壓力。

吐氣時，舌頭回到自然放鬆的位置（不接觸門牙或上顎）。

如此練習八次呼吸吐納，並且隨時注意舌頭的位置是否正確。慢慢來，給自己充裕的時間，以自己最感舒適的速度呼吸，重要的是身體不緊繃，不用力。練習養丹式呼吸時，注意下列三個事項：

- 腹部丹田的膨脹和內收
- 舌頭的翹起和收回
- 緩慢而深入的呼吸

完成八次呼吸後，接下來開始進行「內觀式」，觀照你的內心。

【第一式B】內觀式

進行八個回合的呼吸吐納之後，姿勢保持不變，不再把目光和觀察對象放在腹部或舌頭，而是在接下來的四次呼吸中，轉而專注於內在，練習洞察自己的心。

假如這對你而言是一個全新的領域，請閉上雙眼，想像你的目光凝視著自己的內在。仔細感受你內在的狀態。你覺得如何？感受到什麼？有什麼觸動著你？請培養暫緩腳步、經常觀照內心的習慣，以認識真正的自己。

在繼續進行下一式之前，先重複練習養丹式和內觀式各三次。

【第二式】托天式

在第三次觀照內心之後，一邊吐氣，一邊放鬆手肘，雙手從下丹田移開，輕輕置於下丹田前方，好似想從地上抱起東西一般。手掌心朝向心臟的方向，手背向外微微朝下。

同上一個練習，注意吸氣時舌尖需抵住上顎，吐氣時舌頭再自然放鬆。

此外還有兩個注意事項：

・調整呼吸

・與身體同步

在接下來的呼吸循環中，我們將調整呼吸的長短和速度，不論吸氣或吐氣，心中默數約六秒（注意舌頭的位置）。

首先從慢慢吸氣開始，舌尖抵住上顎，心中默數：

「二十一、二十二、二十三、二十四、二十五、二十六」，同時沿著胸前的一條假想直線，朝身體前方慢慢舉起雙臂，手掌朝向心臟。手臂移動的速度可以如此調控：數到六秒時，雙手到達胸骨的高度。在快要到達胸骨之前，也就是當手臂仍然往上移動時，雙手朝大拇指那一邊由內往外翻轉，使手掌朝天，並調整肩膀、手臂和手部的姿勢，以便進行接下來的吐氣。

現在開始慢慢吐氣。默數六秒，重新調整呼吸和動作的速度。舌頭在口腔內回到自然放鬆的狀態。在吐氣過程中，移動手掌至頭頂上方，彷彿想要以手撐天。

再一次吸氣時，手掌再次朝向心臟，舌抵上顎，雙手往下移動至胸骨位置。雙手到達胸骨位置時，舌尖再次從上顎移開，吐氣六秒，同時手臂繼續往下移動，直到再次回到下丹田前方，並恢復原先起始姿勢。

練習時，下列事項非常重要：

- 舌頭的翹起和收回
- 默數時間，調整呼吸長短（六秒）
- 呼吸、舌頭動作、手臂移動必須同步進行
- 不刻意施加力量
- 動作保持平靜和連貫性
- 練習托天式的一個回合，包括兩次呼吸吐納，動作如下：

吸氣（六秒）：兩臂舉起至胸骨
吐氣（六秒）：雙手撐天
吸氣（六秒）：兩臂回到胸骨
吐氣（六秒）：往下回到下丹田

如此練習八個回合之後，才繼續進行下一式。

【第三式】抱球式

抱球式在氣功界也以「抱氣球」為人熟知，除了遵循先前練習部分的重點——呼吸、外在的手臂動作、內在的舌頭位置，抱球式還包含了意念和想像力兩個要素。

第一步，從吸氣開始，同時注意之前的練習重點：

・舌頭動作
・調整速度
・關節的動作和位置

在雙手尚未到達胸骨高度之前，將掌心轉向前方，拇指朝向地面。

現在緩緩吐氣六秒，手掌往前方移動，手臂跟著慢慢往前伸展。務必注意肌肉不過度施力，肩膀、頸部、胸部保持放鬆。即將重新吸氣之前，手掌再次內翻，面向心臟，彷彿有一顆大球在兩臂之間。

當你進行六秒鐘的吸氣時，舌頭置於上顎，手掌慢慢朝心臟方向移動，直到胸骨前方為止。接著兩掌往內翻，掌心朝下，呼吸轉為吐氣，結束第一個回合。

以下是練習抱球式的一個回合：

・吸氣（六秒）：兩臂舉起至胸骨

・吐氣（六秒）：掌心轉向前方

・吸氣（六秒）：抱球，然後雙手返回

・吐氣（六秒）：雙手下移，回到下丹田前方

總共練習抱球式八個回合。

如同練功最初，收功時雙手掌心也貼於肚臍下方，保持這個姿勢呼吸吐納三次，意守丹田。在收功、轉而做其他事情之前，務必集中精神，專注意念。

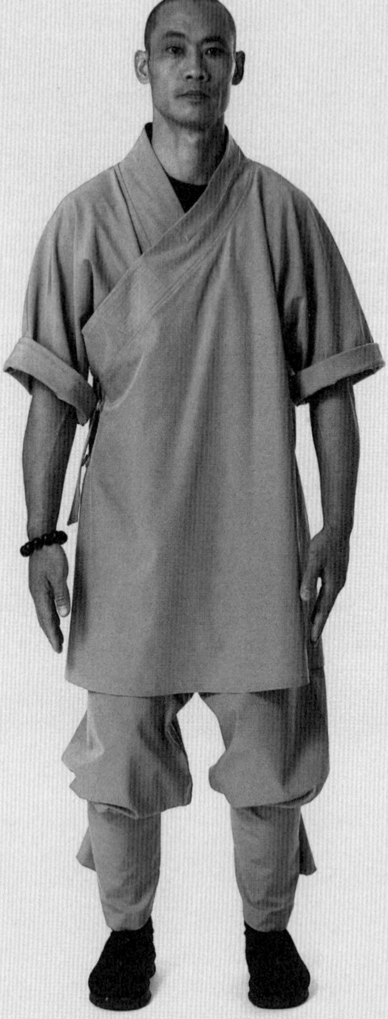

【第一式A】養丹式

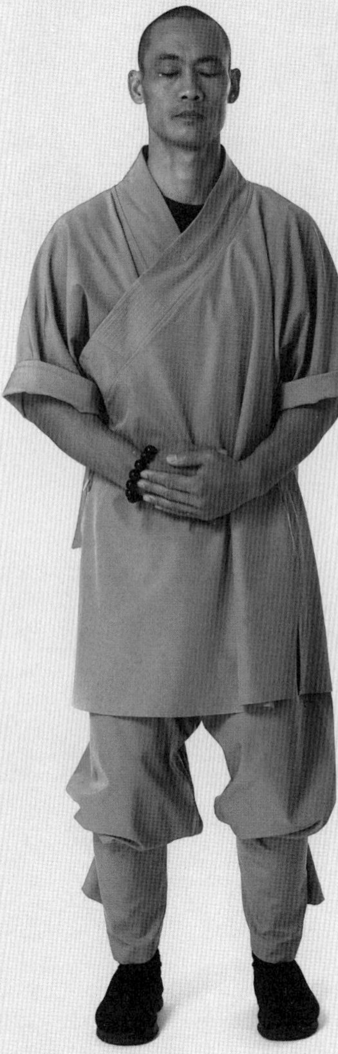

【第一式 B】內觀式

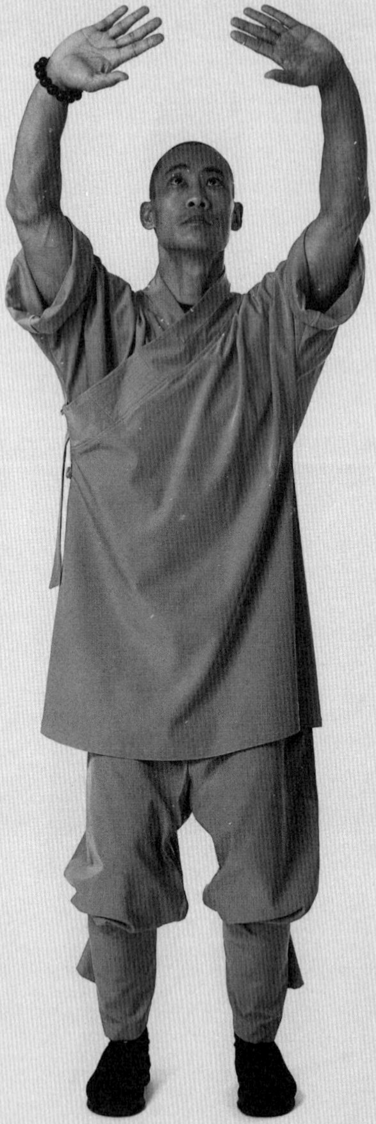

【第二式】托天式

【第三式】抱球式

白蛇吐信

第十一章

認識自己的本性

世上所有人對自己多半只塑造一種類似設計藍圖的形象，焦點集中在自己對外的表現和影響。或許你對自己的某些地方並不滿意，因而隱藏和遮掩，甚至乾脆告訴自己：我就是這樣的人。然而，是什麼造成現在的你呢？

如果你對生活感到滿意而且得心應手，可以繼續保持現狀。但是如果你質疑人生，就無法迴避「你究竟是誰」這個問題。

在少林寺，持續審視自己的定位以及探究本心，對我們而言是不可或缺的修行，其中不乏對自我以及自己的能力進行透澈、不加粉飾，甚至有時令人難受的審核。如此一來，我們也才能夠提供有意義的訓練和教學。

褪去假象的包裝，你是誰？你看清內心的那個你是什麼樣的人嗎？

自我觀察的能力，是少林精神的根本要素。你能夠多深入的透視內心？能夠多清楚的看見自己？對自己有多誠實？你能夠拋開他人的期望和自己的心願，看見自己的眞相，並且感受到此時此刻眞實存在的是什麼嗎？

透過這些問題所獲得的洞察，便是讓你認識人生當下的這一刻裡，哪些事物是你可以掌握、哪些又是你無能爲力去改變的基本條件。如實的觀照自己，對於你的決策是否失敗或成功影響甚鉅。你目前具有的身心條件和能力，就是你開始鍛鍊身心的起跑點，因此請找出你現階段的自我定位。

【自我評估：我的狀態？】

騰出一些時間，讓自己靜下來，誠實回答下列問題：

- 你喜歡和欣賞自己哪些方面？
- 你的生活裡，最令你困擾的是什麼事情？
- 你想改變自己的地方是什麼？爲什麼想要改變？（也可以是多方面的改變）
- 如果你不改變某些習慣，比方繼續過量飲酒、暴飲暴食或者抽菸，未來最糟的後果會是如何？下週、下個月、明年、五年後會是什麼樣的狀況？

・如果你進行改變，未來最好的結果會是如何？下週、下個月、明年、五年後會是什麼樣的狀況？

脫離舒適圈，定義你的起跑點

以下列關鍵要素為依據，評估你的狀態，思考你的起跑點，從那裡開始進行適合你的身心鍛鍊。不妨一邊思考，一邊做筆記。

- 年齡
- 身高
- 體重
- 運動（不運動、少運動、定期運動、每天運動）
- 體能
- 身體靈活度
- 力氣
- 可治療的疾病
- 無法根治的身體損害、副作用

・心理壓力
・你能夠而且願意投入多少時間？
・為什麼你希望自己健康強壯？
・你願意離開你的舒適圈嗎？

不要為別人改變自己，而是為自己改變。只有當你誠實面對自己時，才能找到一個能夠發現自我潛能的視角，看見哪些機會出現在你的起跑點上，思考你能夠而且願意投入多少時間、在哪裡可以找到適合自己的老師和學校，進而擬定切實可行的計畫。請將耐心、忍耐、謙卑等少林武德銘記在心，循序漸進的修練，切勿將心思集中在可能的結果或設定的目標上，而是專注於每天練習的過程和品質。給自己成長的時間，但是要持續不斷的培育自己。勿與他人比較，也勿以他人做為衡量自己的標準，因為每個人都具有獨一無二的先決條件。

我把上述轉化為圖像：有一男一女分別前往卡薩布蘭加旅行，他們的目的地相同，但旅程截然不同。假設女子從西班牙南部出發，而男子從日本動身。為了縮短從日本出發的旅途，此人可能選擇搭乘飛機，如此一來旅行花費便會增加，所以他需要更充裕的金錢，否則就必須以其他方式、花更多時間到達目的地。從西班牙南部出發的女子，則有朋友提供一艘風帆，但是她沒有駕駛風帆的執照，所以必須找到一個既有能力駕駛、又有時間和她一起航行到卡薩布蘭加的人。

這兩人各自有不同的人生故事、背景和年齡，或許他們在前往卡薩布蘭加的途中會有相似的經歷，但是絕大部分的體驗將截然不同。畢竟無論是為了度假、工作、探親、散心、將皮膚曬成古銅色，還是與父母冰釋前嫌，人們出行遠遊的動機五花八門，就如同世界上的人形形色色，各式各樣。

因此你的人生規畫應該契合自己的需求，並且合乎實際，那麼成功就如水到渠成，你也會重新找回對自己的基本信任，明白自己十分獨特，不須要證明自己。那些讓你產生負面情緒和想法的個人黑歷史，也能夠坦然放下，因為現在的你正爆發潛能，活出自己，而且感受到美好的正能量。

請記住，你的潛能也可能隨著嶄新的每一天改變，因為當你走在自己的道路上時，將一天比一天強大、堅定，而且越來越有自信。重要的是接受現在的自己，如此才不會追隨一條與本性相違的道路，否則你將無法順應生命之流，而是與自己搏鬥較勁。反之，當你身心自在而放鬆時，便能夠在身體的自然狀態下鍛鍊，促使身體有效運作，並且和大自然、生命賦予你的一切和諧共存。如此一來，真氣將順應天地運行的智慧，自然而然的重新和諧運作。

不須調整生命之流，而是要消除自己身上那些讓它停滯的障礙。

生命只依循一個宇宙真理。

天地自然，能夠湧入你的內心，與你相融合一。將你的生命交給孕育你的天地造化，宇宙也是你可以依靠的力量。我們應該學習順應生命之流，信任生命。雖然與造就你的自然之力和諧共生，並不表示人生從此順心如意，但是即使遭遇狂風惡浪，你仍然能夠感覺到自己走在正確的道路上。

聽勁與練武：培養內在敏銳度

中國武術中有許多技巧能幫助我們更完善、更如實的觀察自己，從而使我們認識自己真實的一面。其中，太極拳有一種特別著名的技能，我們也在歐洲少林寺培養發展並傳授學生。**這項技能稱為「聽勁」，「聽」為聆聽，「勁」意指力量、能量**。這裡的「聽」並非以耳朵聆聽，而是一種感知能力，不但能夠覺察自己的身體所傳遞的訊息，也能覺察對手的肢體語言。

這種不動聲色的聆聽，也能夠使你分辨事物的輕重緩急。少林武者與敵手過招時，可以透過聽勁建立一種與對方溝通和聯繫的管道，同步感應對手的身體和起心動念，清楚預知他的發展動向。

正是這種見微知著的感知能力，讓你在與自己相處時、在私人生活圈裡以及職場交際場合上，能夠看清表象背後的本質。這種微妙而無法言喻的感覺告訴你，和你接洽生意的談判代表其實對你的提案並無異議，只是把在家裡與妻子發生的爭執，投射到當下的情境裡。這種感應也可能化為內心的聲音，警告你不要使用某個看似完好、實際上卻漏氣的瓦斯瓶。高超的聽勁可謂神乎其技，彷彿超自然現象，因為它是一種能力，能夠感知尚未顯現卻蓄勢待發的潛藏事物。

這種敏感度以及在武術中培養出的其他能力，能讓我們感應到事情真正的發展趨向。在西方國家稱之為第七感，意指在不須其他感官的驗證之下，便能覺察事物並且正確感測，具有能力接收、解讀來自潛意識的信號，同時深信自己能夠根據這些感應採取對應行動。有些人認為第七感等同於直覺。

但是聽勁遠超越於此，因為聽勁是可以培養並積極運用的一種能力。動物天生便具有這種直覺，能夠提前感應到天氣何時驟變、何時落雪和降下初霜。牠們非常信賴自己的預感，會依據預知的訊息調整行為，以因應環境的變化。你的內在也擁有這種與生俱來的敏感度，試著去揭開它！仔細聆聽你的內心。當聽勁的功力達到爐火純青的境界時，可以幫助你明確知道自己所處的情勢，指引你下一步應該前往的方向。

另一項觀察自我的方法，則是修練武術時培養的能力，例如鬆筋，也就是釋放身心靈緊繃和僵硬的能力。不論是長年的心理創傷、長久積壓的情緒、僵化的思維，還是緊繃的肌肉。太極拳屬於內家拳，鬆筋被視為由外在肢體運動帶動內氣的基本功，也就是真正進入內功修練的層面，和一般對放鬆的理解毫無關係，譬如躺在沙發上或者懶洋洋的坐在椅子上。這裡的「鬆」絕不是無所事事，而是透過努力修練培養出活躍的內在能力，能夠主動放鬆深層的緊繃狀態，使身心變得開放而柔軟，最終讓內氣得以自由流暢的舒展。練習鬆功讓我們像嫩枝一般伸屈自如，能夠隨機應變而不斷折。

反覆練習非常重要。透過持續不斷的修練，身心靈皆能獲得發展，每一天都受益匪淺。務必堅持下去，這是值得的！

以下是靜修營學員的見證，他們陳述了練功的親身體驗，以及這些力量如何在內心發揮作用。

❖ 來自學員的親身見證

無論是以線上的方式或者在歐洲少林寺參加我們的修練，無論是功夫、氣功、太極拳或者快樂佛陀課程，皆有助於認識自己的本性。因此我們從各年齡層和不同生活背景的參加者當中，彙整他們的見證感想，列舉如下。

安娜，五十三歲，來自柏林，採購專員

在二〇二〇年下半年時，我無意間在 YouTube 發現歐洲少林寺釋恆義師父拍攝的一支影片。當時的我從未涉獵武術，對少林也一無所知。每天八小時的辦公室工作，導致我經常有頸部痠痛和頭痛的困擾。抱著一絲希望，我決定參加靜修營。我原本以爲氣功是比較柔和的運動，卻沒料到在靜修營中，體能層面的鍛鍊變成了我的挑戰。同時令我驚訝的是，在正確的指導之下，我竟然能在短時間內獲得如此多的成果，遠遠超過我的預期。練功使我的壓力明顯減輕、活力提升而且身體更加平穩。我的整體體能和氣力至今獲得了顯著改善。之前我總是很快陷入緊張和倉惶的精神狀態，尤其在工作方面，但是私生活也是如此。透過修練，現在的我變得放鬆鎮定，在陷入緊張不安的情況發生之前，我便能夠提前覺察。我也更常注意到某個導火線之所以能夠成爲導火線的原因，往往是因爲自己還有需要調適和改進之處。

蘇瑪娜．參德拉瑟卡，四十三歲，來自印度，音樂家與藝術經理

在身體層面上，我的健康透過練功產生了顯著的改善。這十個月以來，我不再生病，不但體重減輕了，也變得非常結實而且四肢靈活，與之前遭新冠病毒侵害而衰弱不堪的狀態有天壤之別。目前，我每日平均練功約四十五分鐘，但是我希望不久將有更充

裕的練習時間。

在精神層面上，我現在比以前更堅強。我變得鮮少發怒，不再總是覺得自己被別人欺負，而且變得更有同理心。尤其意識到，在我認眞修練品德的時候，這些優良的特質就更加明顯，也能夠更專注於自己必須做的事情。

我的生活產生了許多轉變，其中最爲重要的一項，就是在參與修練課程剛滿六個月時，滿懷著對自己的信任，做出了一個重大的人生決定。我決定辭去工作，成爲全職音樂家。那是一種無法言喻的感覺——它讓我看見自己的人生使命和潛力，並指引我做出這個決定。此刻，我對未來尚未有具體的計畫，但是我知道自己走在正確的路上。最近我感受到內心深處燃燒著火焰（我無法詳細解釋），它鞭策我朝向人生使命邁進，我的目標逐漸變得清晰。我每天都聽師父的講座影片，並嘗試將許許多多的元素融入我的日常生活，尤其是堅不可摧、平衡和諧以及成爲自己人生的女戰士這些理念。我也嘗試將陰陽的道理融入生活，而且發現它的力量非常強大。

我演奏的是印度陶罐鼓這種打擊樂器。即使在音樂創作中，我也融入了少林傳統的教誨和武術修練，對我產生了莫大的幫助。再過幾個月，或許我便能夠發展出一套與少林精神深度結合的音樂應用教學法。有一些靈感已經浮現在我的腦海。

托尼，六十五歲，來自法國，自由健身教練

新冠疫情措施解封之後，我首次前往重新開放的歐洲少林寺。總共去了三次，在那裡學習的一切都富有教育意義，尤其在寺中「短期出家」的經歷非常特別，成爲我人生中最艱鉅卻也最刺激的體驗之一。在那裡的修練使我的體能到達了極限，這對我來說有如當頭棒喝，一種實在無法以言語形容的感悟突然湧上心頭。蹲馬步樁已經成爲我每天早晨在浴室刷牙時的習慣姿勢了。

打從第一次到歐洲少林寺開始，我的生活就發生了一些變化。每天除了練習功法的姿勢和動作，也嘗試把少林哲學融入私人生活和工作之中。我在健身中心工作時也學以致用，把在少林寺獲得的許多知識，實際應用在由我指導的氣功課裡。我經常在睡前觀看釋恆義師父的影片，穿著印有少林字樣的衣服而引以爲傲。

二〇二一年六月，就是我人生的轉捩點！我來到了一個完全不同的世界，一個充滿尊重、講求專注當下、有組織結構和團體（僧伽）的地方。那裡有我所需要的一切，因此我能夠專注於眞正重要的事物。

穆莉爾，四十四歲，來自法國，單親媽媽，育有一女

二〇二一年，我第一次注意到歐洲少林寺。當時，一種罕見而且非常疼痛的血管疾

病支配了我的生活。我正尋求有別於現代醫學的方法，讓我能夠繼續禪修和活動身體。身體上的疼痛以及身體核心的衰弱，導致我既無法久站，也無法長時間坐著或躺著。那時我四十二歲，是單親媽媽，因爲新冠疫情的緣故，我讓女兒留在家中自學，由我親自授課指導。當我發現歐洲少林寺時，我對武術的種類根本一無所知，但是當時我研究佛教已有三年，加上少林功夫與佛教關係密切，所以感到格外親切。在網路上，我發現了歐洲少林寺免費提供的武術修練影片和線上課程，經過幾個月的身體力行並且應用到日常生活之後，我逐漸恢復一些氣力，已足夠參加爲期三天的「佛教入門」靜修營。師父在靜修課程中所傳授的知識博大精深，而且以合乎現代的互動教學方式，授予我們豐富而實用的內容，還有一位少林寺門徒指導我們修練氣功，對我而言是一個珍貴的禮物。我感受到他們對我的誠心歡迎，至於我的體能狀態則不是重點。借用佛教的說法，我在那裡得到加持與護佑。從那一刻起，我知道自己的餘生將致力於修練各種少林武術，希望能夠貢獻一己之力，提升社會大眾對少林的認識。

在過去兩年間，我參加了六次靜修，包括佛教入門、基礎氣功（兩次）、陰陽氣功、易筋經、五祖拳。我的人生出現了轉變，慢性血管疾病已經完全康復。在經歷因病休養一年、隨後又以半職方式工作一年之後，我已經重新以全職研究員的身分回到工作崗位。不論是身體還是心靈，都比以往任何時刻更加強大，感覺到自己活力充沛，神閒氣定。

「功夫即生活，生活即功夫」這句話給我上了最重要的一課。我在歐洲少林寺獲得了一個最重要的教誨，並將它實踐於每一天的生活中，那就是不要抗拒某些事物，而是去接觸它，順其自然，然後將它放下。

一提到這個寺院，除了許多獨特之處，最令我印象深刻的是它有益於每一個人的身心健康，無論性別、年齡和精神信仰的差異。在我心目中，師父和老師們都是典範。向歐洲少林寺致上我最深切的感謝，我的內心與它同在。

在資訊多元的時代，勿三心二意

如果你已經認清自己內在的本性，而且願意走上專屬自己的道路、為世界貢獻一份心力，那麼找到內心的方向就非常重要。許多人在充斥著各種資訊的社群媒體中尋求指引，因為它看似充滿取之不盡、用之不竭的知識或課程，每天都有新的方法、選擇擺在眼前，讓你用來鍛鍊體魄和精神，並將人生的規畫掌握在自己手裡。然而面對不計其數的指導、練習、實行、理論和概念，哪些適合你呢？該如何選擇？又如何知道那些方法能否達成你所期望的結果？

在少林傳統中，師徒關係具有重大意義，普遍需要經年累月的培養和鞏固。你拜以為師的人被尊稱為師父，意即老師和父親。這個稱謂便暗喻著師徒關係中應有的價值觀和相處之道，強調的是一種雙方共同承擔責任、互相重視與信任的團體關係。在師父的悉心帶領和謹慎考量下，弟子能夠見識到各種狀況並迎向挑戰，也能認識和體驗自我極限，若對師父缺少信賴，便難以勝任這一切，弟子可能更不會主動去接觸這些領域。

師父的責任不僅是守護自身的經驗和知識，同時還要信任弟子，放心的將一身絕學傾囊相授，因此弟子更應該珍惜，並且出於自身的興趣，持續不斷、循序漸進的學習和深入鑽研。

對於已經拜師學藝而處於師徒關係的人來說，若同時又透過其他教學管道參加練功課程，則非明智之舉。或許其他的選擇很有吸引力，但是多管齊下的結果，不只會讓人在反覆無常當中感到無所適從，還會阻礙進步。此外，在初期的階段就開始反思某些功法是否有意義，也同樣不切實際。只有經過一段時間的修練之後，才能做出有意義的評估。

一項練習、一種形式或一種功法的效果和用途，只有在實踐的過程中才能體會。

人生中常常有某些時刻，會讓人以為多年的學習已經結束，這是一種誤解。請謹記在心，通往真理的路上有兩種錯誤：知而不行以及半途而廢。

因此，我建議勿將各種不同的練習、方法及多位老師的詮釋混為一談，也不要試圖去解讀其中的意義。請堅持在起步時，專注跟隨一位老師和一套系統，定期練習，秉持信念，日後再根據自己的經驗彙整心得，而不是根據一些理論性的假設，因為後者可能誘使你提早放棄原本走的路。有時無法獲得效果，並非方法錯誤，而是因為半途而廢。所以如果你想練成功法，就必須多花一點心思尋找課程，仔細搜尋相關資訊，與老師和學校聯繫，安排時間試課。一旦做出深思熟慮的選擇之後，就堅持在這條路上認真學習，不要三心二意。

為時代做出貢獻，成為不朽的力量

世人以各種方法尋求幸福美滿的生活。雖然每個人對此定義不同，但是要使內在達到心滿意足的狀態，需要掌握正確的方法、技巧，並且堅持不懈的付諸行動。然而缺少充分的準備也無法達成：首先必須修習品德，進而塑造並鞏固自己的性格。無論你走哪一條路，都要清楚知道自己想要的生活，以文句表達，把它寫下來，然後專心一致的朝這個方向努力。走好你的路，不要偏離，遇到問題也不要迴避。遭遇挫折並非放棄的理由，反而是寶貴的提示，提醒你需要更充分的準備工作，並且在挫敗中繼續成長。接受失敗，越挫越勇，是武者的強大精神，也正是少林精神的展現。

失敗是寶貴的提醒，指點我們如何繼續在人生路上前進。

可惜有非常多人中途放棄，因為即使夢想的藍圖似乎很誘人，他們最終還是覺得路途太過辛苦。之前闡述遮蔽世人心識的「五蓋」，就是他們無法堅持下去的重要關鍵。事實上，你在人生中真正渴望追求的東西、持久永續而且對所有生靈具有價值的事物，還有那些契合本心、而非迎合外界期望的目標，永遠不會讓你感到疲累與倦怠。以此激勵自己，那麼即使面對無數挫折，也依然能夠勇往直前。請接受自己目前的能力範圍，遠離異想天開、不切實際的目標。當你的內心找到真正的方向時，你將對其他人和周遭環境產生正面的影響力，對「世界性集體意識」發揮貢獻，而你今生的作為，將永存於世界的精神之中，甚至超越你生活的時代，在你離開塵世之後依然影響著未來人類，成為永垂不朽的力量。

想像一下你具有能夠改變的這種精神，擁有在其中增添或消除某些元素的能力！針對世界性無所不在的集體意識，你將能夠做出貢獻！問題是，你會選擇哪些特質融入當代並留給後世？

每個人都終將有消逝的一天，即便是過去或現今聞名全球的人物都不例外。隨著世界不斷日新月異，名字也會逐漸煙消雲散。然而，永恆不滅且眾生皆可企及的，就是使人類內在豐盈富足的精神。有鑑於此，我在經歷三十六年的人生之後，決定將我所稱為「少林精神」的知識和寶藏傳播到世界上。我希望藉由這個方式，幫助更多人培養不屈不撓的鬥志，即使世道變得險惡，也絕不放棄。迄今只有少林修行者或少林師父為世界的精神做出了貢獻，但是從今以後，你也可以在自己的能力範圍內將它發揚與傳播。

不管是人生勝利組還是失意不得志，每個人遲早有一天都必須面臨挑戰，經歷失敗。普通人和武士唯一的區別，在於武士無論遭遇多少挫折阻礙，仍會再接再厲，絕不放棄。他具有一種百折不撓的精神，這種精神也在你的內心深處，讓你相信在第四次、第五次或第無數次嘗試時，就不會再失敗。因為每一次失敗，都使你變得更強大、更美好，而且從中記取教訓。**失敗並非過錯，除非你不再從失敗中學習，反而重蹈覆轍，一再犯同樣的錯誤**。

設定人生方向時，切勿太過拘泥於目標，也不要執著於太過具體的構想，反而應該專注於開闢合適的方向，鋪好道路，然後勇往直前。這條路將不會一帆風順，但是憑著充分的準備、清醒的頭腦和充沛的體力，你將能夠突破重重障礙。簡言之，重要的是，保持心情愉悅，勇敢的面對人生旅程。除了培養內心的鬥志之外，你也必須與自己的本性和諧相處。

與自己的本性和諧相處

就從生活中的小事開始，比方早晨醒來時，不讓身體任何一部分阻擋你順利展開新的一天。一天二十四小時之中，你有多少時間處於活躍的狀態？多少時間是在等待、坐著和被動中度過？活動和休息，皆存在於人類的天性之中，重要的是必須保持平衡。所以開始進行一些消耗體能的事吧！這可以是每天一小時的鍛鍊，如此一來，可以讓自己掌握初步的規律和方向。早晨時你告訴自己：「醒來吧，身體已經充滿能量，現在就起床，為今天的活動做準備。」跑步、與人見面聚會皆可，總之做一些消耗體力的事，因為活動是提升創造力的必要條件。利用你的自我觀察能力，找出適合自己的活動量和休息量，以及可能需要調整的地方，例如提高或減少其中的比例。

許多人一開始便滿腔熱忱，過度鍛鍊身體，導致筋疲力竭，甚至受傷，因而認定使用的方法或訓練不適合自己。事實上，每個人天生的體質都不同，有些人需要非常密集的耐力訓練，有些人並不須要。按照你的節奏進行，覺察自己的內在，在挑戰自我的同時切勿使體力透支。如同手機電池，你也必須不斷充電，所以睡眠品質很重要。安然入眠的關鍵，並非躺在床上的時間長短，而是睡眠品質。在睡眠中，身心靈能夠獲得充分的休息與修復，讓你真正充飽電力。也請注意你的生活習慣，勿太晚用餐，也不要睡前過量進食，否則會造成消化系統在夜間過度活躍，就好比你的手機雖然處於充電中，但是各種應用程式仍然繼續運作並且消耗電力。「修復」意指你重新補充的能量，必須多於在夜間流失的能量。

雖然這是以一種非常簡化的方式來看待我們體內的能量，但也正是這種簡單的理解，能夠幫助你平衡日常事物，進而維持均衡和諧的生活。你的身體越是活躍，就越需要迅速修復的方法。在這方面，飲食的功勞卓著，所以也要檢視自己的飲食狀況。你攝取的營養有益於身心的修復嗎？

請意識你的內在本性，並且自問：我如何對待自己？無論高矮胖瘦、性別以及天生具有的身心能力，你來到這個世界時就是完美的。順便一提，四歲以下的兒童尚未懂得價值評斷。因此對幼時的你而言，最初也不存在所謂「更好或更糟」的概念。然而某一天，你也會接觸到社會上追求完美形象的價值觀：例如六塊肌、沒有皺紋的肌膚、美麗迷人的鬈髮。努力追求這些外在標準，和自己對身體的片面認同有關，會導致你過度關注外貌而誤以為自己充滿缺點，但實際上根本沒有瑕疵。其實你本身已經是完美的——

即使外界的標準可能改變了你對自己的看法，但是你真正的內在價值始終不會改變。永遠記住這一點：你不是你的身體，你不是你的頭髮，你不是你的六塊肌。

如果你不運動，或許有朝一日你會選擇醫美手術，或者腹部綁著電極減肥裝置，一邊坐在沙發上看電視，一邊輕鬆鍛鍊著你的腹肌。相反的，如果你的身體經過有意義和均衡的鍛鍊，對你的健康必然有益無害，不論你的身高體型，也不論你是否有皺紋，你將保持穩健、靈活和元氣十足的狀態，一直到高齡。沒有誰高人一等，也沒有誰矮人一截，沒有人更美或更醜，每一個人都是世界上獨一無二的。只有當你和別人比較，才會造成你否定自己的天生資質，感覺自己的身材體態充滿缺陷。我已經多次和大家分享「放下」這個道理，這裡也一樣適用。放下周遭環境對你的期望，放自己自由。

明白自己的稟性，走出自己的路。

在這個世界上產生的一切，舉凡每一項科技、每一座建築、每一個組織、每一個行動，都起源於人類的思想智慧。從你的內心出發，為你的生活塑造框架條件，不要只專注於外在的事物和表現，並且培養內在的深度和洞察力，奉行八正道：正見、正思惟、正語、正業、正命、正精進、正念、正定，一步一步為你的生活創造框架條件，促使你與自己達到和諧一致，進而與身心靈的所有能量和諧相處。佛教中的四無量心——「慈、悲、喜、捨」，是修行之路最重要的基礎。或許對你而言，將少林傳統中的戰鬥精神和這四種心靈的崇高境界相互結合，是難以想像的事情，但是少林武術與四無量心的精神並不矛盾，反而與之融為一體。

現在我將介紹另一個方法，這是在自我按摩之後，用來為禪修做準備的一種練習，當然也用來確保身體能夠獲得最理想的照料。

〈少林修練〉方法十一

刺激經絡，陰陽共生

第六章已介紹過自我按摩的基礎法，你可以將它融入日常生活中，用來刺激身體並促進某些部位的血液循環。

另一種有助於氣血暢通的方法，則是使用一種「按摩掃帚」來刺激經絡，我們在寺院裡稱此工具為「經絡拍打棒」。它由許多綁在一起的細長藤條或竹條組成。藉助這種材質構造，拍打身體時可以達到深層滲透體內的效果。

這類型的按摩掃帚可用各種不同的材料製成，長度和粗細也不一，還有些甚至是金屬材質，但是只適合進階練武者使用。

拍打身體時，因為不同材質的經絡拍打棒所產生的衝擊和震動不同，因此也影響了穿透皮膚、組織甚至骨骼的深度。陰與陽的平衡和交互作用

是生命存在的基礎，經絡拍打棒的使用也體現了陰陽共生的道理，拍打代表「陽」，餘震代表「陰」。

第十二章

走在中庸之道

單手插香

你駐足在岔路口前，面臨著抉擇：向右還是向左？在無法預知這兩條路的情況之下，試著反覆思量，權衡利弊，想藉助過去的經驗來決定哪一條路看起來更爲可靠、更符合自己的感覺。

這是我們一生中經常會遇到的狀況，不管是在日常生活裡，還是面對人生的重大決定，有些決定對我們無關緊要，有些則對一生造成影響深遠的後果。因此當你在人生的十字路口徘徊時，最好先清楚了解自己的心理狀態。

不要倉促做出決定，多花一些時間，想像在不同路上可能會遇到的各種機會。特別當心那些會限制你、使你失去轉圜餘地的想法。同時讓自己意識到，你的所有想法只不過是在腦海中勾勒出的可能性，尚未實際行動，也未做出任何抉擇。除此之外，注意這些想法是否觸發情緒反應，如果是，則仔細觀察當你在想像中選擇一條道路時，會出現哪些感受。是否有些感受能助你一臂之力，指引你做出決定？是否有些感受讓你失去勇氣和信心？請覺察是什麼動機促成你的決定，以及當下的內在情緒狀態。

不被內心的擺錘所左右

現在，請想像一個靜止的擺錘。握住它，然後朝著自己的方向拉近。此時稍微施一點力是必要的，為了讓它停留在這個靠近你的新位置，你不能放手，否則擺錘不僅會回到中間的起點位置，還會繼續往離你更遠的反方向盪去，再經過反覆來回的擺動之後才會靜止。如果你將它往遠離你的方向推去，情況也是一樣。

我們人類雖然不是鐘擺，但是我們的偏愛和反感就好比擺錘的移動，會引發特定的內在情緒狀態。猶如擺錘，我們將喜愛的、有價值的東西或珍貴的時刻拉向自己，對它們產生正面的情感。這可能是見到一個人或一隻動物、聞到一支剛捲好而且散發香氣的菸捲、強制進氣的渦淪引擎發出的聲浪，或者穿上造價昂貴的華服時，體驗到柔和親膚的極致觸感。

我們對東西緊抓不放，執著於心中所愛，試圖鞏固一種永恆不變和安全的感受，實屬人之常情。然而當我們不願放棄執念時，究竟會發生什麼情況？再一次用你的心靈之眼仔細觀察，只要是被你緊緊握住的東西，都會變得僵硬，失去了伸展空間而動彈不得，而你也同樣損失自由空間，只為了牢牢抓住並且保有某樣物品、某種感受或者任何其他的人事物，一直不斷消耗自己的能量。你看見了這種不可避免的後果嗎？

反之，把擺錘推開，則象徵那些在你內心引發負面情緒的事物，或是你想要迴避、無法忍受、不想保留的慘痛回憶，例如某些情景、人、新聞、事件。在這種情況下，你費盡力氣和精神，把內心抗拒的事物越推越遠，越遠越好，直到它們無法觸及你的生活。但是躲得了一時，躲不了一世，當人生的某個時刻來臨時，你終究還是必須面對。你為了驅逐它們而投入的所有精力，最終將無可避免的以更強勁的力量反彈到你身上。

不論內心的擺錘向著我們靠近還是遠離，也不論我們想要緊抓不放還是推開，始終都和我們的情緒密不可分。但是這裡有一個重點：情緒和感受也是短暫無常的。然而這對我們的意義是什麼呢？難道我們不該有喜愛之情嗎？還是我們甚至不該判斷自己是否喜歡或討厭某些東西？但這不是人之常情嗎？

這種在推開或抗拒、拉近或喜愛之間的交替循環，無異是一種永無止息的反覆拉扯。雖然一直不斷的重複這種過程是你的個人自由，但是你會一次又一次的面對這個事實：你的情緒和感受反覆無常，只會讓你痛苦。

世尊佛陀的無量智慧創造了佛教，指引我們行中道。

佛教核心思想之一就是中道。佛陀在成道之前，曾以兩種完全相反的方式生活過：起初是享有榮華富貴的王子，後來成為歷經萬般艱辛的苦行者。佛陀體認到極端會導致痛苦，所以應當避免。

中道既不落在互相對立的兩邊，也不在反覆交替的極端之間搖擺，這條路是平靜安定的展現，儘管包容了所有我們在人生中可能面臨的境遇和挑戰，卻絲毫不受影響和動搖。中道代表著一種具有決斷力的心境，完全不受擺錘的左右。隨遇而安並且充滿慈悲的心靈，能夠在世界萬事萬物的對立關係中，看見彼此之間的因緣和合。

緣起性空，沉浸於當下的獨一無二

當你遇到喜從天降的事或者看到喜歡的東西時，你當然可以、也應該為它們出現在你的生命裡心生歡喜。在這些時刻裡，應該學習徹底敞開心胸，開開心心的體驗這種獨一無二的美好時光。然而當你發覺這個時刻即將結束時，不要依戀執著，而是讓自己清楚意識到告別的時候到了，坦然接受它的離去，並在心中祝福世界上將有更多人能夠經歷如此美妙珍貴的時刻，接著放下你的念想。

不管你現在人在何處，不妨回答這個問題：現在是白天，還是夜晚？即便你此刻置身在最美麗的日出當中，並真心實意的回答：「白天！」然而在地球的另一端卻也同時是夜晚。學會理解白晝與黑夜總是同時存在，對人生是有啟發的。日與夜是一體兩面，如同世間萬物相互依存，一切都是「因緣和合」而生。所有現象、事件以及我們在人生旅途中所遭遇的一切，都是相依相待而存在。用你的眼睛觀察世界，可以發現世間萬物依緣而起，緣起緣滅。

製造茶杯時，就已注定有破碎的一日，變成碎片是它的一部分。當你帶著這種覺悟把茶杯遞至唇邊時，可能會更加珍惜它，因為也許明天你便無法使用它品茶了。可以確定的是，這個茶杯終有破碎之時，不確定的則是這一刻何時來臨。

生命與死亡的關係也是如此。死亡並非以後才突然形成，而是早已隨著生命的開始與我們並存。就如晝夜相依，生命與死亡也共同存在。與其思考這些概念，我更喜歡專注於當下，思索現在該如何運用生命賦予我的稟賦？美好的事物當然也會令我感到欣喜，我會沉浸在那一刻細細品味，然後讓它隨風而去。對某些事物依戀不捨，拚命奮力的挽留，是沒有意義的事，因為即使可以拖延一些時間，也仍舊無法阻止它們消逝。

如果生命賜予你機會，就接受它；
如果生命奪走你的東西，就放手。

當你領悟世間無常，明白安全感其實只是表象，你才會真正自在，並且擺脫自以為能夠掌控茶杯何時破碎、生命何時終止的錯覺。無論你怎麼過自己的人生，無論是否涉及工作、家庭、子女或伴侶，你以及世界上的每一個人都會經歷成功和失敗、快樂和痛苦。大多數人試圖專注於個人的功成名就，並允許社會以此為衡量、評價他們的標準。

但是成功與失敗始終並存，好的構想也未必能產生正面的結果，因為人生充滿變數，一切皆有可能。

如果你對消逝、死亡、失敗避而遠之、拒絕面對，就好比用力推開擺錘，讓它遠離自己，直到有朝一日它以全力朝你反撲而來。屆時，你終究無法遁逃，反而必須想盡方法徹底尋找一條出路，以便從永無止境的來回擺盪中解脫，因為正是你偏離了中道，造成兩邊極端之間的波動和拉扯。不如與塵世間來來去去的無常和解吧！在你的內心創造一個清靜之地，讓平穩和諧充滿你的心境，放下矛盾衝突，使心靈回歸和平，並保持堅定不移的信念，不因外在環境的變遷而動搖。那麼你便擁有一種不增不減的內在狀態，它無法再加強，因為它已經豐盈飽滿；它也無法被奪走，因為它自體本空，何來失去？請如實觀察自己、做自己。

我在本書中不斷談到斷捨、放下，因為這正是影響人性品質的核心，也代表著人類擁有的一種獨特能力。我們的頭腦裡，充滿了個人深信不疑的觀念和看法，往往讓我們引以為豪、充滿自信的說服別人認同自己的見解。

若你執意固守個人的理念和想法，只會帶給自己和他人痛苦，尤其是你把自己封閉在狹隘的思維裡，錯過人生中仍可獲得的各種可能性。因為學會放下非常重要，所以我再次重申：放下你的見解和看法，能夠使心靈獲得解脫，同時為你創造出一個只需要觀察和注視的空間。望著一棵樹時，不指名，不歸類，不在乎它是山毛櫸、雲杉還是橡樹，不為樹名而爭論，不分辨闊葉樹或針葉樹而產生聯想，譬如這棵樹的木材用途。當你能夠放下這一切種種，只是單純如實的觀察這棵樹，它會啟發你感知生命的本質和實相。樹枯萎了則凋亡，杯子破了則碎裂成片。用心靈之眼如實觀照這個世界，不分辨、不區隔，而是透過不斷修習，參悟看似相反的兩極其實是一體的兩面，這種覺知便是禪的精髓。

如上所述，這種一體兩面的關係，在佛教思想中不是「非此即彼」，而是「亦此亦彼」。當你持續的練習接受那些看似對立的事物時，你內心的擺錘也將穩定而逐漸縮小擺盪的幅度，達到兩端平衡，最終呈現靜止狀態。你將走出熟悉的固有模式，不再受外在環境與極端的支配。

一旦擺脫了自以為能控制無常的幻想，你便同時解開了束縛心靈的枷鎖。好好享受一杯茶或咖啡，盡力保持杯子的完好無缺，但是不要對結果產生執著，也不要對杯子抱著永遠不破的期待。

沉浸在當下獨一無二的時刻。

如果你的心靈處於充滿信任的安穩狀態，你將不再干預外在事物的變化，而是順其自然。抱持著這種心態，你將學會承受壓力，無所畏懼的面對衝突和改變。我們通常會想到許多使世界盡善盡美的方法，然而這並非我們的首要任務。我們應該如實觀察這個世界的本質，從中學習並獲得啟發，也應該探索宇宙和這一生為我們預備的所有可能，並且透過改變看待事物的視角，轉變以往的感知，最終重新認識生命賜予我們的恩典和祝福。尊重自己的人生經歷，敞開心胸的接受，因為它是你在陌生領域裡的探索歷程，能夠為你開啟嶄新的不同視角。人生的每一刻都在變化，感知這些變化將使你獲得許多重要的體悟。

沒有人能夠預知自己的生命將對這個世界和宇宙造成什麼影響。我們唯一能夠決定的，是選擇內在和外在世界之間的中道。我們可以學會主宰自己的內在，但是外在環境並非我們所能控制。我們絕對不會擁有一個永遠和平的世界，即使對這個世界充滿抱怨、忿忿不平，也無法改變我們必須認清的事實，就是學會接受事物的原本面貌。

如實的覺察當下，切勿一直在內心糾結著未來可能發生或者過去曾發生的事情。停止這種內在擺盪。當自己或別人的期待和指望又再次盤據心頭時，必須覺察自己可能偏離了中道。

如此一來，外在環境也無法阻撓你進入和平的內心世界。慢慢的接觸與熟悉它，了解這個一直在你內心深藏不露的世界。

完美和諧的內心狀態，會讓你不由自主的仰起頭，望著天空微笑。

就算非線性和相互矛盾，但仍在中道上

如果不了解少林和禪宗教學方法的原委始末，難免會對其中許多方式感到詫異不解。不妨想像一下，你從現在開始，便按照我每天練武的方式，進行一模一樣的訓練。對你而言，這應該是非常極端的事情，甚至可能引發危險和損害健康。但是這種鍛鍊對我而言，卻是一條維持心靈平衡的和諧之路，因為我的內在意識不將它視為極端，反而是一種愉快的過程。

當我們的身體和心靈越發成長茁壯時，中道也變得更寬廣和兼容並蓄，讓我們不僅保持內在的平衡和諧，同時也能夠進行和勝任各式各樣的活動。為了幫助弟子、學生們探索和發展中道，我使用一種方式讓他們學習如何自我調整：我指示他們先朝一個方向走，之後又要他們朝反方向走。我說：「向左，往那一邊走。」當他們回來時，我便說：「向右走。」也就是另一個完全相反的方向。這樣的訓練起初引起他們的困惑，看似自相矛盾，然而他們最終在這樣的過程中掌握了自己的中道平衡。

保持平和與清醒的內心，在所有正道上。

❖ 第三個站樁練習：降龍樁

最後這一個站樁練習，融合了對不同層面的要求，你必須同時掌握它們並且保持站姿。例如你注意到姿勢平衡嗎？肢體上的辛勞以及內心的意志力，是否激發你更加集中精神？你是否留意到身體姿勢的架構，並且精確的調整肌肉、骨骼、關節的位置？

降龍樁有助於你覺察自己的心神狀態，進而夠保持平心靜氣。

站降龍樁時，必須左右兩邊互換練習，以下僅以一邊為例進行說明。換邊練習時，只需反向重複所有步驟即可。

左腿在前的站姿

- 以立正姿勢開始，雙腳緊貼。稍靜片刻，屏氣凝神。
- 膝蓋微屈，將身體重心移至腳跟，接著打開雙腳（小腳趾朝外），呈\/字型。

・右腳位置不動，左腿向前大步跨出。

・右腳保持不變，位置約30°角，左腳也跟著調整為30°角。

・雙腳腳跟沿著一條假想的中線（從腳跟至腳跟）對齊，在前方的左腳跟，從左側觸及中線，在後方的右腳跟，從右側觸及中線。

・現在彎曲左膝，伸直右腿，將身體重心移至左腿。一旦感覺到體重明顯集中於左腿上，先暫時保持這個姿勢。

・伸直右膝，雙腳掌貼齊地面，身體保持平衡。

調整上半身

・上半身微微向前彎，重心明顯移至左腿上。

・頭部慢慢轉向左側，眼睛試著注視右腳跟。

・如果未能看到腳跟，身體可再向前彎一些。

・在這個姿勢停頓片刻，並針對以下重點再次修正：

——雙腳掌貼齊地面。

——左膝彎曲，右膝伸直。

——腰椎、胸椎和頸椎向左側扭轉。

——眼睛注視右腳跟。

・確認做到以上幾點之後，開始進行手臂的調整。

調整手臂

・兩手手臂現在慢慢朝身體兩側伸展，用手腕將手背拉起，所有手指保持伸直狀態，大拇指稍微與其他四指分開。

・左手掌心朝向後方的右腳跟，左臂微微往下傾，與右腿幾近平行。

・右臂朝右上方伸展，掌心向外，彷彿右臂是左臂的直線延伸。

・在這個姿勢停頓片刻，特別注意以下幾點：

——雙腳腳跟平放於地面。

——保持身體平衡。

——手背拉起，刻意將大拇指與其他伸直的四指稍微分開。

——整個脊椎向左側扭轉。

——雙眼注視後方的右腳跟。

保持原地不動

起初維持這個姿勢三分鐘。透過增強身體的扭轉和伸展，或透過延長站樁的時間，可以改變、提高難度。

現在放鬆，雙腳回到原始立正姿勢，收回手臂，重新挺直上半身。

開始換邊練習，反向重複所有步驟，也就是將身體重心移至右腿，脊椎向右側扭轉。

試著享受站樁的過程。當你樂在其中時，體驗身體的各種反應會讓你心情愉快。

最後我想闡述一種源自道家的修練方法，這個傳統功法廣為人知，世上已有大量相關文獻和解說，也就是「小周天」。

〈少林修練〉方法十二

小周天功法，打通任督二脈

人類是一個微觀宇宙，堪稱是反映宏觀宇宙的完美縮影。就像宇宙行星運轉一般，氣也在人體內運行。小周天功法，關乎著真氣在任督二脈之間的循環流動。督脈始於尾椎和肛門之間的穴位，沿著背部中央的脊椎往上至頭頂，終止於上顎和嘴唇之間。而位於身體正面的任脈，則從會陰中間開始，沿著身體正面的中央線直到口腔，抵達下顎中央。這兩條經脈共同構成了小周天的運行。

當真氣在打通的任督二脈之間持續不斷的自由運行時，便能促進並激發身體的活力和機能。透過各種鍛鍊方法，其中也包括不同的呼吸技巧、視覺化練習、意念練習等，我們試圖接近小周天循環的理想境界。

除此之外，還有進階的打坐練習能夠刺激、淨化並打通任督二脈，暢通氣血。

透過本書之前所介紹的十一種方法和練習，我們已經探索了身體的不同區域，也深入探討了心智和潛能，這不僅是為了讓體內的能量重新運行無阻，也為了實踐並培養像意志力這樣的品德，促使我們的能量更加強大。

小周天功法融合了上述學習的技巧，並透過打坐的形式來修練。在打坐的過程中，我們將採取並保持八種不同的姿勢，同時有意識的調整呼吸吐納，使心神沉浸其中。這個練習已結合不同方法，所以我們不須刻意干涉能量的流動，身體便能夠以自然的方式提供必要的能量，協助我們完成這項練習。也就是說，內氣會完全自然而然的流入我們的經絡。透過不同的身體姿勢，我們設立了必要的框架條件，同時敞開我們的心靈，讓能量順著自然的規律，自由展現和流動，而不是強行干預。保持每個姿勢的時間，皆以八次呼吸吐納為準。建議修練小周天功法時，仍考量遵循一定的原則，比方在入定和出定的過程。傳統上，打坐前會沐浴淨身，進行預備功或收功時則刺激特定的穴位。

小周天功法

【姿勢一】

【姿勢二】

【姿勢三】

【姿勢四】

【姿勢五】

【姿勢六】

【姿勢七】

【姿勢八】

把所有步驟重新再做一遍，最後的姿勢如上。

接著在以上兩個姿勢擇一，進行八次的呼吸吐納，
便完成了你的打坐練習。

第十三章

茶道：
領悟人生之道

羅漢擷蘭

❖以茶修道

相傳早在西元前二七三七年，第一杯茶便已經誕生。一陣風吹過，一株野生茶樹的葉子飄入了正在火上燒煮的一壺水，一股沁人心扉的香氣撲鼻而來，中國上古神話中的神農大帝聞香後品嘗了茶，頓時感到神清氣爽，心情舒暢。

在亞洲，茶不僅因為美味和具有養生功效而成為廣受喜愛的飲品，人們還說：「懂得茶道的人，也懂得人生！」

當我們談論茶樹的起源時，不妨想想你的誕生；當我們探討茶樹的生命歷程與生長環境時，也思索你的成長道路，從茶樹到一杯茶的漫長旅途中，領悟出：茶之道，誠如人生之道。當我們了解茶的來之不易，就應該更加珍惜每一杯茶；同樣的，請以珍惜之心對待自己，因為你也經歷了一段漫長的旅程，才成為今日的你。將茶道精神融入你的人生之路、環境和經驗中，以茶修道。

❖一杯茶的故事

現在，就讓我們追尋茶的足跡。茶樹是山茶科山茶屬的一種。在中國，它生長於

高原陰涼的山坡地或是在樹蔭的庇護之下，能夠忍受短暫的霜期；但在印度，它卻在熱帶高地炎熱的沼澤中生長。中國茶樹的葉片較小，樹高可達六至八公尺，壽命可達一百四十年。印度茶樹外觀較為茂盛，樹高可達十八公尺，但是壽命僅達三十至五十年。印度茶樹的茶產量較高，茶的色澤較深，滋味也較為濃烈，葉片比較大而且背面覆有細毛。

或許現在恰好有一杯茶在你眼前，然而一杯茶的故事，或者更貼切的說，是一杯茶的道路，早已在數十年、甚至數百年前就展開了：當時有人發現一個適合種茶的地方，於是買下或租賃了一塊土地，進行整地開墾、分析土壤，然後播下適宜當地生長的山茶屬種子，也種植了能夠快速成長的樹木，為茶樹提供必要的遮蔭環境。歷經四至十二年，這些茶樹才終於準備好迎接第一次的採收。在這些年間茶樹必須忍受考驗，度過酷熱或嚴寒的夏季，忍受風暴或過早降臨的初霜，在穩定而緩慢的生長過程中也需抵抗病蟲害的侵襲。

茶樹的冬眠期依生長地區而異，可能長達四個月，在這段期間，芬芳甘醇的香氣正在茶樹內部醞釀與淬鍊。當它甦醒時，就如同所有在春季發芽的樹木，會長出鮮綠的葉子。日本的新茶，即春季採摘的第一批嫩葉，被視為品質最優良的茶之一。但也可以說，每個季節造就出適合當季需求的茶。春茶清新甘甜，帶有花香氣息。夏季時茶樹生長較為快速，所以夏茶略帶苦澀，風味濃郁。秋茶則柔軟溫和。冬季氣溫低於攝氏十度時，茶樹進入休眠狀態，直到下一次甦醒。即使夏季期間的採茶往往只間隔數小時，但是每一次摘採的茶葉都具有不同的風味。採收茶葉需要非常細膩的手工技巧，並且懂得掌握完美的時機；準確觀察茶樹的生長發展也同樣重要，因為當茶樹長出三到五個茶芽時，葉子的大小和香氣最為理想。採茶工每次採摘十六至二十四公斤的綠葉，加工後可製成四至六公斤的茶葉。

茶，不但會隨著種植、生長、採收的時間和地點產生截然不同的風味，據說栽種者和採茶工的心情和意圖，也會影響茶的品質。例如栽培茶樹的人的初衷是為大眾創造優質的產品，還是為了以最簡單快速的方式賺錢牟利？這些因素也會對茶葉的品質產生影響。

氧化的加工製程中，葉子經攪拌揉捻後被捲起和壓碎，流出的汁液內含有酶，會與空氣中的氧產生反應。茶葉氧化的時間長短不一，主要視所製造的茶類而定——白茶、黃茶、綠茶或紅茶。只有來自雲南普洱地區的茶葉可以進行發酵，有別於氧化過程，發酵過程中會添加微生物。發酵普洱茶的原因，最初是為了能夠長期保存，以方便運輸並禁得起長途跋涉。普洱茶可以保存數十年，期間仍持續發酵陳化，和品質優良的葡萄酒命運相似，具有越陳越香的特質，喜愛品茗的人更視之為茶中珍品。

由此可見，直到我們能夠享用一杯茶之前，它已歷經了漫漫長路和許多過程。若能領會這一點，必將更加珍惜，心存感謝。在茶道的禮儀中，每一個細節都展現了對茶特殊的尊重，因此甚至

被視為一種感恩儀式。

❖每杯茶都獨一無二，人生亦然

每一種茶都走過屬於自己獨一無二的旅程。想一想陽光、風、土壤、氣溫等自然造化之力，還有許許多多人的雙手讓它走遍了世界：他們進行包裝、運輸、貼上產品內容標籤，最後擺置在茶葉專賣店或超市的貨架上，讓我們只需伸手拿取便可以購買回家。

你選擇茶的時候，可以視當下心情、居住區域的水質，或者特意為茶所購買的水而定。

能否泡出色香味俱佳的好茶，茶壺的材質和使用的時間也是關鍵。在中國傳統茶文化中被視為珍寶的宜興紫砂壺，是以著名的紫砂泥為原料，經手工塑型後高溫窯燒而成。與玻璃壺和瓷器壺不同的是，紫砂壺的表面不上釉，而且具有特殊的雙氣孔結構，透氣性強，能提供茶葉在沖泡過程中所必要的氧氣，使細緻的茶香得以醞釀和散發。同時，紫砂壺微細的氣孔也能持續吸收茶汁和香味，久而久之，壺的內壁便蘊蓄著獨有的茶香。因此，為每一種茶葉備有一個專屬茶壺最為理想。

除此之外，茶的風味還受到水量、水溫和沖泡時間等因素影響。第一泡和後續沖泡的茶，口感和味道也不同。

所以每一杯茶都獨一無二。你可以在品茶時往回追溯它悠久的歷史，一直到上古神話中的那位神農大帝，以及在四千七百多年前吹散幾片茶葉、造成茶意外誕生的那陣風。你將會明白，一直到今日，天地自然之力和無以計數的人都參與了這杯茶的道路，或許便能夠對這杯茶的奧妙心領神會，進而了解自己也如同茶一般神奇。或許現在恰巧有一杯茶在你眼前，散發著香氣，邀請你停下來品嘗片刻。

茶，凝聚著天地一切，融合著過去、現在和未來的人類世代，因為茶的

道路綿延不斷。領悟茶道精神，就能領悟人生。

以茶修道不在止渴，
而是領悟茶之道所展現的內涵，
以感恩之心看待過去、現在與不遠的未來。

相關連結與課程

如果想了解更多關於本書闡述的知識、觀點和練習，或者想要實際體驗，以下有不同的選擇可供參考。

❖ 免費的多媒體內容

你可以在網站上搜尋我們多年來免費提供的各種多媒體內容。

掃描下方釋恆義網站的 QRcode，也有大量可以讓你充實相關知識的資訊。

釋恆義網站

❖ 十二個月課程

若你希望以系統性的方式學習，並由一位師父指導，你可以在線上找到歐洲少林寺安排的「十二個月課程」，內含許多幫助你理解的說明與練習，可供你在自學時隨時嘗試。

經過一段時間的練功之後，如果你已經駕輕就熟，並希望更進一步接觸其他方法和練習，還有一些方式可供你繼續修練。

掃描下方的 QRcode，可找到有關所有其他方法和教學內容的詳細說明（德文版，可運用網路翻譯軟體加以了解）。

致謝

功夫是我的人生道路。在這條路上，我有許多夥伴，他們的存在鼓舞了我，而且透過他們的行動，我得以分享他們的知識。本書記錄了我過往旅程中的經歷與發現，蘊含著我無法僅憑一己之力獲得的寶貴教誨。

因此，我謹向以下人士表達我最深切的感謝與敬意：感謝 Frankie Dow 大師引領我進入武術的世界；感謝江玉山大師對古老修行與獨特方法的深刻洞見；感謝延雷師父展現了意志力、力量與決心；感謝 스승님 禪師啟發並喚醒了我；感謝我的師兄弟——鑽師父、恆利師父及恆正——給予我堅定不移的支持；也感謝我的家人，謝謝他們的關懷、信任與無條件的愛。

衷心感謝共同作者 Stefanie Koch 全力支持寫這本書這個偉大的企畫；書中收錄所有精采的照片則要感謝攝影師 Christine Sommerfeldt；同時也要感謝插畫家

Marius Boenisch，他繪製的羅漢插圖完美展現了少林精神。

此外，我還要感謝少林社群的許多人，他們慷慨地提供支持，毫不猶豫地寫下自己的經驗，為本書做出貢獻。他們充分證明了，無論年齡或身體狀況如何，都能從實踐少林教誨的寶貴經驗中獲益，並對自身的人性與存在有更深刻的認識。

Eurasian Publishing Group 圓神出版事業機構 方智出版社 Fine Press
www.booklife.com.tw　reader@mail.eurasian.com.tw

自信人生 195

打造強韌內在的少林精神：歐洲掌門人給你的13個日常練習

作　　者／釋恆義（Shi Heng Yi）
譯　　者／洪清怡（Ching-Yi Hung-Breunig）
發 行 人／簡志忠
出 版 者／方智出版社股份有限公司
地　　址／臺北市南京東路四段50號6樓之1
電　　話／（02）2579-6600．2579-8800．2570-3939
傳　　真／（02）2579-0338．2577-3220．2570-3636
副 社 長／陳秋月
副總編輯／賴良珠
主　　編／黃淑雲
責任編輯／林振宏
校　　對／林振宏．溫芳蘭
美術編輯／蔡惠如
行銷企畫／陳禹伶．陳衍帆
印務統籌／劉鳳剛．高榮祥
監　　印／高榮祥
排　　版／陳采淇
經 銷 商／叩應股份有限公司
郵撥帳號／18707239
法律顧問／圓神出版事業機構法律顧問　蕭雄淋律師
印　　刷／祥峰印刷廠
2025年5月 初版

定價450元　ISBN 978-986-175-843-5

我們最深的弱點，往往可能成為最強大的武器。
力量始終在你手上，你只是需要親身體會這個真理。

——《與眾不同，更有力量》

國家圖書館出版品預行編目資料

打造強韌內在的少林精神：歐洲掌門人給你的13個日常練習／
釋恆義 著；洪清怡 譯.
-- 初版. -- 臺北市：方智出版社股份有限公司，2025.05
352 面；14.8×20.8公分. --（自信人生；195）
譯自：Shaolin Spirit : Meistere dein Leben
ISBN 978-986-175-843-5（平裝）

1.CST：佛教修持　2.CST：武術

225.87　　114002972